Marleen van de Camp

**UNHEIMLICHE
WANDERUNGEN**

20 TOUREN

DÜSTERE SAGEN UND VERLASSENE ORTE

Pfalz

belser

Inhalt 3

#01	Über das Wildfrauenloch zur verschwundenen Heimat	Seite 6
#02	Um die Burgruinen Alt-Wolfstein und Neu-Wolfstein	Seite 12
#03	Durch die Falkensteiner Schlucht zur Ruine Falkenstein	Seite 18
#04	Keltenrunde auf dem Donnersberg	Seite 24
#05	Durch den Galgenwald zum Hochgericht	Seite 34
#06	Der Junker von Randegg	Seite 40
#07	Vom Kloster Limburg zum Teufelsstein und Kriemhildenstuhl	Seite 46
#08	Durch die Elendsklamm	Seite 52
#09	Von der Burg Nanstein zu den Heidenfelsen	Seite 60
#10	Von der Burg Wilenstein zur Karlstalschlucht	Seite 66
#11	Bordehut-Runde zum Jagdhaus Iggelbach	Seite 74
#12	Drei Burgen und die Sage von der ledernen Brücke	Seite 80
#13	Von der Gruft im Dom zu Speyer zur Rheinhäuser Fahr	Seite 86
#14	Über den Ludwigsturm zur sagenumwobenen Rietburg	Seite 94
#15	Von den Sühnekreuzen zu den Teufelsfelsen	Seite 100
#16	Teufelstisch, Teufelsküche und Teufelsschmiede	Seite 106
#17	Von den Altschlossfelsen zum Diana-Relief	Seite 112
#18	Zur Ruine Drachenfels und Burg Berwartstein	Seite 118
#19	Durch das Felsenmeer um die Ruine Lindelbrunn	Seite 124
#20	Die Schmugglerrunde in Leimersheim	Seite 132

Vorwort

Die meisten von euch würden sicher unterschreiben, dass ein Horrorroman und ein Wanderführer kaum gegensätzlicher sein könnten. Horrorliteratur konfrontiert euch schließlich mit euren größten Ängsten, während Wanderführer euch zu den schönsten Orten bringen, wo ihr mit der Seele baumeln könnt. Oder? Eigentlich haben beide denselben Effekt.

Furcht und Schrecken reinigen die Seele, das wussten schon die alten Griechen. Moderner könnte man vielleicht sagen, dass der Leser einer schaurigen Geschichte seinen Alltag vollkommen vergisst.

Warum also nicht Schrecken und Schönheit kombinieren, zum Beispiel in dem unheimlichen Wanderführer, den ihr gerade in eurer Hand haltet? Er bringt euch über wildromantische Wege zu mächtigen Burgen und bizarren Sandsteinformationen, in mystische Auwälder und finstere Höhlen, wo euch schaurige Sagen und grauenhafte reale Geschehnisse das Fürchten lehren.

Marleen van de Camp

#01

Über das Wildfrauenloch zur verschwundenen Heimat

Vom Ungeheuerstein folgt ihr einem Bach durch ein urwüchsiges Tal zu der Höhle einer riesigen Hunnenfrau. Ein abenteuerlicher Pfad führt euch zu einem Ort, wo 14 Dörfer für immer verloren sind.

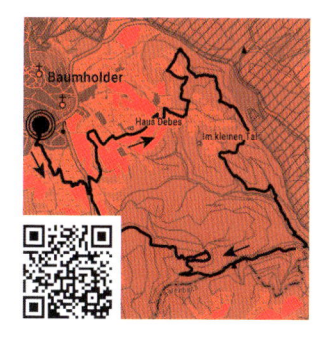

HIN & ZURÜCK
Bahnhof Baumholder
(700 m entfernt);
kostenloser Parkplatz am
Stadtweiher
- Tagestour
- Rundwanderung
- Länge 15,3 km
- hoch 347 m, runter 347 m

DIE WANDERUNG folgt der „Traumschleife Bärenbachpfad", die ab dem Skateplatz am Stadtweiher Baumholder ausgeschildert ist. Ihr quert die Ringstraße und geht auf einem Wiesenweg leicht bergan Richtung „Wildfrauenloch". Hinter einer Liege mit Blick über Baumholder wird der Wiesenweg zu einem erdigen Waldweg, der bald die L 176 quert. Das Schild „Hauptwanderrichtung" führt euch über einen weiteren Wiesenweg zu einem Schotterweg zwischen Feldern. Nach 600 Metern führt er euch nach links in den Wald, wo ihr einen dunklen Torbogen durchquert und einem Pfad Richtung „Ungeheuerstein" folgt.

Der **UNGEHEUERSTEIN** ist ein grabsteinähnliches Denkmal, das in schwarzer Schrift verkündet: „Hier schoss Förster Ungeheuer einen starken Keiler am 18.12.1898". Da es für einen Förster wohl nichts Ungewöhnliches ist, einen Keiler zu schießen, ist davon auszugehen, dass es ein außergewöhnlich großes Tier gewesen sein muss. Das größte bekannte Wildschwein wog 477 Kilogramm und war 2,80 Meter lang.

Folgt weiter dem Bärenbachpfad. Die Vegetation neben dem schmalen, verwurzelten Weg wird höher und dichter. Hoher Farn und stachelige Brombeeren drängen sich dicht an euch heran. Unzählige umgestürzte Stämme stechen aus dem Gestrüpp hervor. Bald liegen rissige Felshänge am Weg und ihr müsst über raue Steine steigen.

Dann kündigen Wegweiser das ALTE SCHLOSS an. Wenn ihr es erreicht, bleibt ihr stehen und nehmt die Atmosphäre dieses außergewöhnlichen Orts in euch auf. Folgt von dort dem Pfad der alten Bäume weiter Richtung Bärenbach. Auf einer Liegebank mit Blick auf das höchste Bergmassiv der Pfalz, den 167 Meter hohen Donnersberg, könnt ihr Rast machen. Dann führt euch der verwilderte Pfad bergab. Dürre Äste hängen von Bäumen wie Lianen.

Nach gut 400 Metern leitet euch ein Schotterweg oberhalb eines Tals entlang, bis ihr an der nächsten Abzweigung links in einen Pfad biegt, der durch eine Schlucht führt. Neben euch fließt ein Rinnsal zwischen moosbewachsenen Ufern über dunkle Steine. Frösche, Eidechsen oder Schlangen rascheln im Gebüsch. Wenn die Schlucht endet, folgt ihr 50 Meter weiter dem „Pfad der wilden Frau" hinunter zum BÄRENBACH. Der breite Bach durchströmt ein Tal unterhalb des Hauptwegs. Ihr begleitet ihn auf einem schmalen Pfad, aus dem immer wieder Wurzeln der hohen Bäume hervorbrechen.

Auf den nächsten 400 Metern quert ihr das Gewässer dreimal – zweimal über Steine, einmal auf einer Holzbrücke. Der Bärenbach bildet Becken, Wasserfälle stürzen über dunkles Vulkangestein. Bald erreicht ihr Felswände, deren bizarre Schichten aus grünem Pelz hervorbersten. Darin klafft hoch über euch ein Riss, hinter dem sich eine dunkle, schmale Höhle öffnet: das WILDFRAUENLOCH. Ihr steigt auf einem Trampelpfad steil hinauf. Ein umgekippter, kahler Baumstamm leitet euch zum Eingang. Schon jetzt spürt ihr die Kälte, die aus dem knapp drei Meter hohen Spalt strömt. Zwischen scharfkantigen Wänden führt die längliche Höhle sechs Meter tief in den Fels.

Hier, in der feuchten Dunkelheit, soll der Sage nach eine grauenhaft große und muskulöse Frau mit einem furchtbaren Gebiss und zottigem,

> Schon jetzt spürt ihr die Kälte, die aus dem knapp drei Meter hohen Spalt strömt.

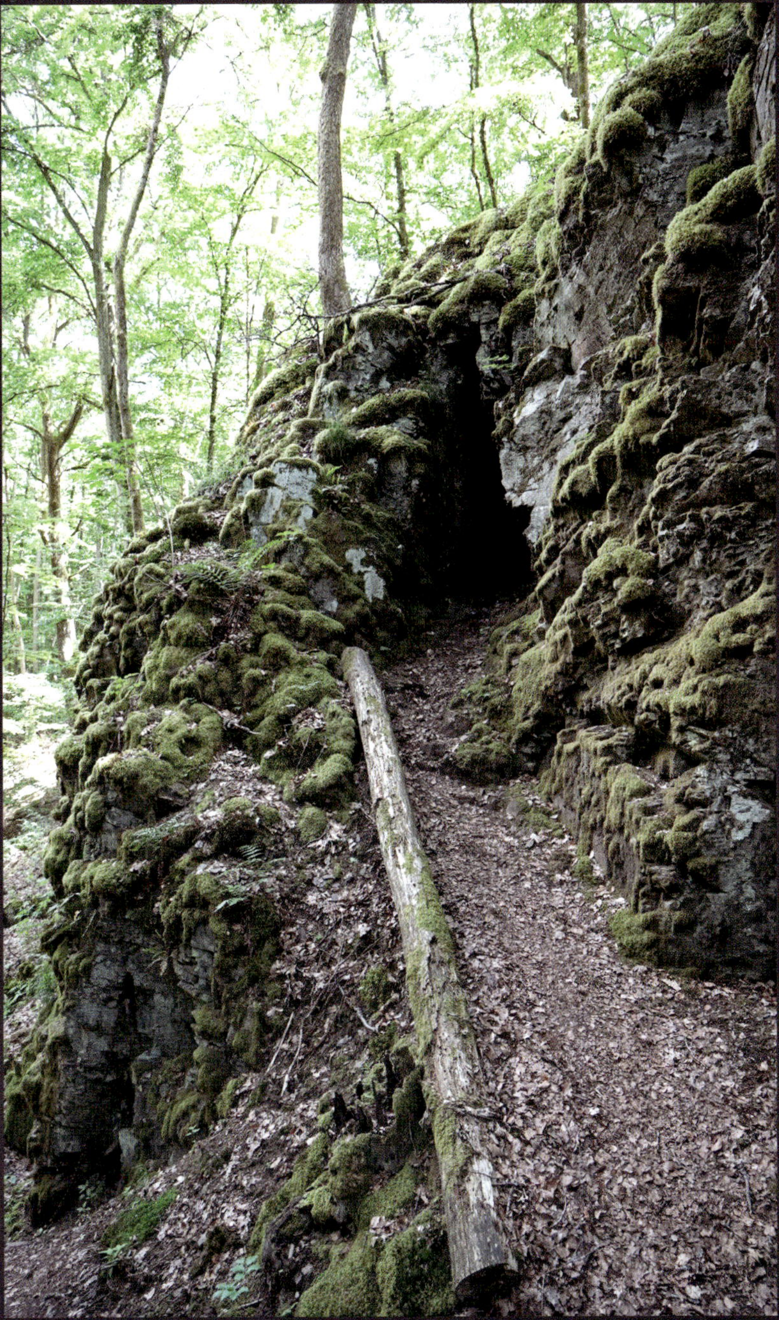

schwarzem Haar gehaust haben, die sich nur in Fell kleidete. Die „Wildfrau von Kusel" soll von den Hunnen, einem zentralasiatischen Reitervolk das ganz Europa terrorisierte, zurückgelassen worden sein.

Es hieß, sie trage stets einen Krummdolch und eine Keule bei sich. Das Fleisch der Tiere, die sie erlege, verschlinge sie roh. Dolch und Keule sollen auch Menschen zu spüren bekommen haben, die es wagten, sich der Wildfrau zu nähern. Nachts soll sie in den umliegenden Dörfern in Häuser eingebrochen sein und die Vorratskammern leergefressen haben. In Pfälzer Hinterzimmern munkeln manche bis heute, die Pfälzer Frauen mit ihrem teils aufbrausenden Temperament seien allesamt Nachkommen der Furcht einflößenden „Wildfrau von Kusel".

Folgt dem Bärenbachpfad weiter. Er führt entlang an riesigen, umgestürzten Baumwurzeln, von denen einige schon so lange hier liegen, dass sie kaum noch als Wurzeln zu erkennen sind, son-

> Im dichten Grün dazwischen liegen unzählige tote Baumstämme gestapelt, als hätte die Wildfrau hier gewütet.

dern wie zugewachsene Erdhügel aussehen. Riesige Pilze wachsen auf toten Stümpfen.

Bald führt der Pfad leicht bergauf. Spitze Steine stechen aus den Überhängen am Weg. Der Bärenbach fließt bald tief im Tal. Von oben blickt ihr auf entwurzelte Bäume, die langsam Richtung Bach rutschen, und die kahlen Stämme der riesigen Fichten am anderen Ufer. Im dichten Grün dazwischen liegen unzählige tote Baumstämme gestapelt, als hätte die Wildfrau hier gewütet.

Dann weist ein Schild auf das **TAL DER STILLE** hin, das ihr über einen Holzsteg betretet. Hier, am Ufer des Bärenbachs, erwartet euch eine Bank. Nahe einer Staustufe könnt ihr das Rauschen in der Stille genießen, bevor ihr dem Pfad weiter folgt. Der wilde Wasserlauf windet sich zwischen Pestwurz und Brennnesseln vorbei an efeuumrankten Bäumen. Ihr schiebt euch neben einem hohen Hang durch Dickicht.

Wenn ihr euch nach 1,3 Kilometern vom Bärenbach verabschiedet, führt euch der Pfad über wurzelige Waldwege durch hohen Mischwald bergauf. Nach 1,4 Kilometern gelangt ihr durch einen weiteren dunklen Torbogen zur **VERSCHWUNDENEN HEIMAT**. Hier erfahrt ihr, dass während der Zeit des Nationalsozialismus fast 4.000 Menschen aus 14 Dörfern zwangsumgesiedelt wurden, um Raum für einen Truppenübungsplatz zu schaffen. Einige von ihnen wurden weit weg bis nach Berlin oder Magdeburg verfrachtet. Vom Aussichtspunkt blickt ihr über ein bewaldetes Tal auf den Übungsplatz, der heute von der Bundeswehr und NATO genutzt wird. Ihr könnt Panzer und Betonplatten erkennen, die unter anderem für Übungen mit Panzerabwehrwaffen und Drohnen vorgesehen sind.

Nehmt den Anblick in euch auf und denkt darüber nach, wie es wäre, aus eurem Zuhause vertrieben zu werden, während ihr dem Bärenbachpfad zum Start folgt und euch auf den Weg nach Hause macht.

TIPP
In Reichenbach beginnt der „Wanderweg der verschwundenen Dörfer" mit historischen Informationen und Relikten aus den 14 Dörfern.

EINKEHR
Es gibt keine Einkehrmöglichkeit, aber viele Rastplätze. Nach Reservierung bei der Stadt Baumholder kann auch die Grillhütte „Waldhaus" genutzt werden.

02

Um die Burgruinen Alt-Wolfstein und Neu-Wolfstein

Um die Burgruinen Alt-Wolfstein und Neu-Wolfstein   13

Ihr wandert von einer Ruine, deren Burgbrunnen einer Sage nach zur Todesfalle wurde, zu einer einst riesigen Burganlage, von der aus geächtete Ritter Reisende terrorisierten.

DIE WANDERUNG beginnt am Wolfsbrunnen auf dem Rathausplatz Wolfstein. Steigt die Treppe links der Kirche hinauf und haltet euch dann rechts. Bald seht ihr zum ersten Mal die mächtige Burgruine Neu-Wolfstein. Auf 238 Höhenmetern wacht das alte Gemäuer über den Ort, der bis zur Zerstörung der Burg geschützt innerhalb ihrer starken Mauern lag.

Die Straße „Am Rechtenberg" führt euch zur Schlossgasse. Vor dem Eulenbrunnen biegt ihr um die Kurve und geht bergauf, bis die massive Schildmauer der **BURG NEU-WOLFSTEIN** vor euch auftaucht. Links liegen mahnend noch die Blidenkugeln, die mit einem Katapult auf belagerte Burgen geschleudert wurden. Betretet die Ruine durch das schwarz vergitterte Tor und betrachtet die traurigen Überreste der einst stolzen Anlage. Verwitterte Fundamente lassen an einigen Stellen noch Räume erahnen. Am besten erhalten sind die überwucherten Mauern des Palas. Blickt von den Resten der Ringmauer über das „Königsland".

Im Pfälzischen Erbfolgekrieg wurde Neu-Wolfstein von Franzosen zerstört. Aus dieser Zeit stammt vermutlich auch die Sage, nach der sich auf dem Burggelände ein tiefer Brunnen befunden haben soll, der für französische Reiter zur Todesfalle wurde. Es heißt, ein Franzose sei eines Nachts vom Weg abgekommen und samt Pferd in den Brunnen gestürzt. Das Geräusch dieses Sturzes habe der nachfolgende Reiter für den Ruf

HIN & ZURÜCK
Haltestelle Wolfstein Markt; kostenloser Parkplatz an der Straße „Im Tauchental" (nahe Marktplatz)
- Halbtagestour
- Rundwanderung
- als Nachtwanderung geeignet
- Länge 7,8 km
- hoch 379 m, runter 379 m

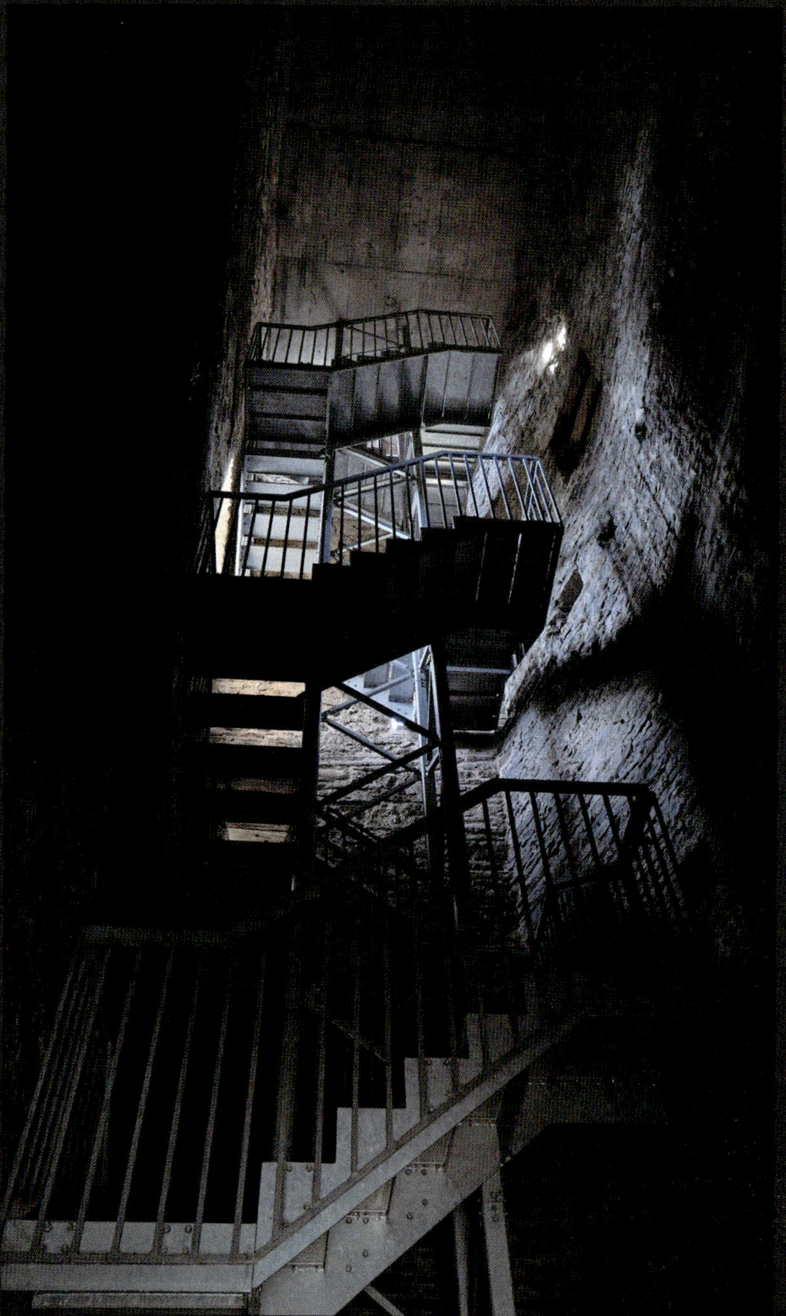

> Dann drohen links riesige graue Felsen, die von dichter Vegetation bedeckt sind. Alt-Wolfstein taucht stumm vor euch auf.

„Komm!" gehalten und sei ebenfalls in den Brunnen gestürzt. Nach und nach sollen so in einer einzigen Nacht 30 französische Reiter in dem Neu-Wolfsteiner Brunnen umgekommen sein.

Verlasst die Burg, geht durch das gitterlose Tor rechts und haltet euch Richtung „Ruine Alt-Wolfstein". Schon bald seht ihr, wie die Spitze des Bergfrieds durch das Blätterdach sticht. Der schmale Pfad führt durch eine dunkle Öffnung in den Wald und steil bergauf. Nach 500 Metern biegt ihr vor einem Brunnen rechts ab und passiert einen hohen, kümmerlichen Nadelbaum mit dürren Ästen und bizarr gebogener Spitze. Dann drohen links riesige graue Felsen, die von dichter Vegetation bedeckt sind. **ALT-WOLFSTEIN** taucht stumm vor euch auf.

Nachts erzeugt der Anblick der spärlich beleuchteten Ruine Unbehagen. Der 20 Meter hohe Bergfried mit seinen vergitterten Fenstern überragt eine gewaltige Schutzmauer, den sogenannten „Hohen Mantel". Durch den Zwinger gelangt ihr in die Kernburg. Wenn ihr den Bergfried hinaufsteigt, entdeckt ihr hoch in der Wand den Griff einer Maurerkelle. Dahinter verbirgt sich eine Tragödie. Bei der Restaurierung der Burg soll ein Handwerker in den Tod gestürzt sein. Seine Kollegen sollen zum Gedenken seine Kelle an der Absturzstelle eingemauert haben.

Alt-Wolfstein stammt vermutlich aus dem 12. Jahrhundert. Als 100 Jahre später Neu-Wolfstein erbaut wurde, geriet die alte Burg in Vergessenheit. Geächtete Ritter machten sie zu ihrem Stützpunkt und terrorisierten Reisende. Daraufhin ließ der Herzog von Lothringen die Burg belagern, bis die Raubritter kapitulierten.

Geht zu den grauen Felsen zurück und haltet euch Richtung Lauterecken. Der gelbe Balken führt euch auf einem schmalen Pfad steil hinauf. Wenn ihr euch links haltet, erreicht ihr eine niedrige Höhle. Sie ist der vermauerte Überrest eines

Tunnels, der einst die Gebäude der riesigen Burganlage miteinander verband. Wenn ihr euch rechts haltet, könnt ihr über den Fels nach oben steigen. Auf beiden Wegen gelangt ihr zu einem schmalen Pfad am Abhang. Ein Gewirr aus Wurzeln, Erdbrocken und Steinen verhindert, dass umgestürzte Bäume ins Tal rutschen. Bald quert ihr einen großen Steinwall. Was wie uralte Mauerreste wirkt, ist eine natürliche Sandsteinaufwölbung, die von Sediment durchzogen ist.

Nach einem Kilometer stehen die Tannen dicht an dicht. Dazwischen türmen sich dunkle Stämme, deren Äste gekrümmt sind, als seien sie im Todeskampf erstarrt. Hinter stacheligem Ginster verstecken sich **VERWITTERTE MAUERN**. Wieder wandert ihr unmittelbar am Hang, der direkt neben euch steil abfällt. Ihr erreicht einen Schotterweg, der durch scheinbar undurchdringlichen Wald führt und an dessen Rand die hochgiftigen, pechschwarzen Beeren der Tollkirsche locken.

Nach 600 Metern erreicht ihr einen Aussichtspunkt mit Blick über den Pfälzerwald. Kurz darauf ist der Waldboden über und über mit Baumskeletten bedeckt. Giftiger Fingerhut leuchtet lila aus dem grauen Totholz. Bald ist Wolfstein ausgeschildert und es geht steil bergab. Links liegt rötliches, verrottendes Holz, rechts tiefer grüner Wald.

Folgt einem verwitterten Schild Richtung „Dümmler Sattel" und kurz darauf der schwarzen 3 auf weißem Grund nach rechts. Ihr durchquert eine kleine Kiesgrube, die von einem riesigen Baum gerissen wurde. Er liegt am Weg, seine gigantische Wurzel klammert sich noch an Erde und Stein. Bald rutscht ihr steil bergab.

Am Vorplatz des „Schützenhauses Wolfstein" verlasst ihr die 3 und folgt einem erdigen schmalen Pfad über Stufen im Zickzack nach Wolfstein. Die Straße „Im Tauchental" führt euch zurück zum Rathausplatz.

> Hinter stacheligem Ginster verstecken sich verwitterte Mauern.

TIPP
Am Königsberg befindet sich ein Besichtigungs-Bergwerk. Mehr Informationen unter:
www.kalkbergwerk.com

EINKEHR
An der unbewirtschafteten Dümmler Hütte befindet sich ein Rastplatz.

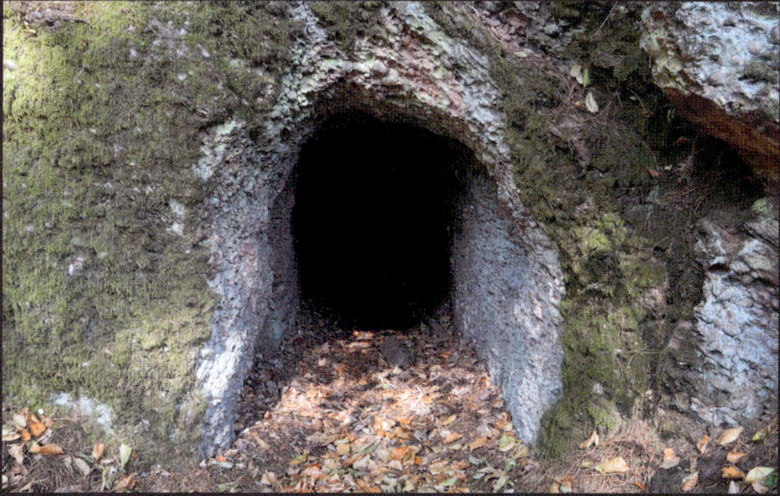

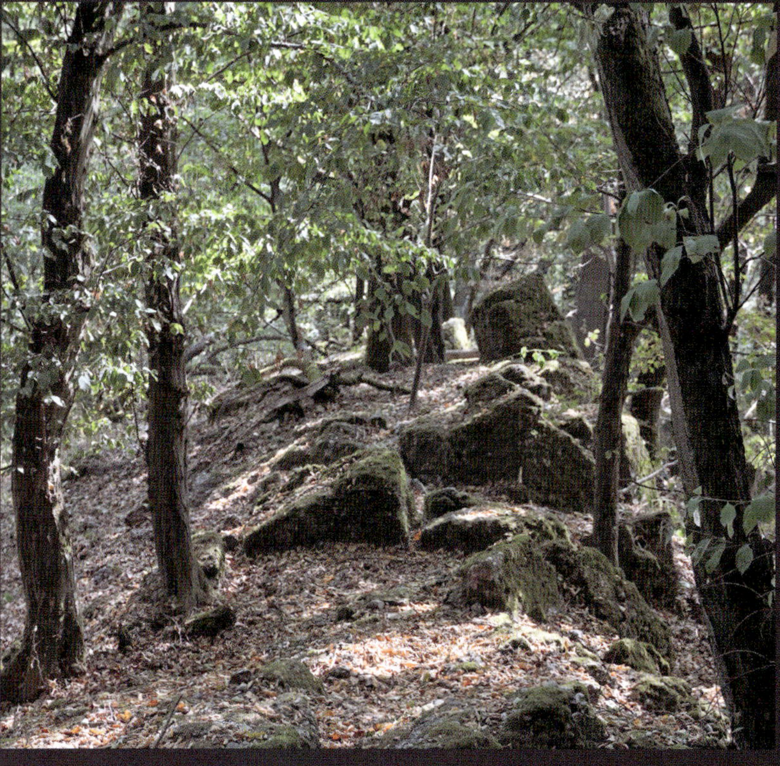

#03

Durch die Falkensteiner Schlucht zur Ruine Falkenstein

Durch die Falkensteiner Schlucht zur Ruine Falkenstein 19

Durch eine Schlucht, deren bizarre Felsformationen von glühendem Magma geformt wurden, wandert ihr zu einer Burgruine, die auf dem Schlot eines erloschenen Vulkans thront. Vom Rabenfels am Schelmenkopf blickt ihr bis ins Elsass.

DER PARKPLATZ „Falkensteiner Schlucht" liegt geschützt zwischen hohen, schroffen Felswänden. Das Naturdenkmal entstand vor fast 300 Millionen Jahren, als zähflüssiges Magma die Erde aufwölbte. Aufsteigende und dabei erstarrende Blasen formten keulen- und kugelartige Felsen. Ihr wandert bergauf und folgt einem schmalen Pfad unter Bäumen direkt am rauen VULKANGESTEIN entlang. Bald sichern Geländer den Weg am Steilhang. Duckt euch unter einen niedrigen Felsvorsprung und durchquert einen schmalen Tunnel. Wenn die Sicherung endet, geht ihr weiter an der dunklen Felswand entlang, von der zottiges Moos und zerzauster Farn herabhängen.

Falken schreien, seltene Insekten schwirren. Der Pfad neben den mächtigen Felsen führt über die Wurzelnetze von Eichen, Buchen und Kiefern. Was raschelt da im Gestrüpp? Was lauert in dem schwarzen Loch im toten Baumstamm am Weg? Bald müsst ihr euch an Seilen den Berg hochziehen und zwischen großen, sonderbar geformten Steinen hindurchschieben. Der Weg führt direkt am Abhang entlang.

Nach einem kurzen alpinen Anstieg durch eine Felsrinne erreicht ihr den Aussichtspunkt FALKENSTEINER FELS, von wo ihr über die Schlucht ins Pfälzer Bergland blickt. Dann führt der Pfad euch vom Abhang weg, unter bizarre Baumgebilde, durch Gestrüpp und über umgestürzte Stämme. Am Ende des Pfads folgt ihr einem breiten

HIN & ZURÜCK
Haltestelle Wambacherhof;
Parkplatz Falkensteiner Schlucht
- Tagestour
- Rundwanderung
- Länge 10,4 km
- hoch 418 m, runter 418 m

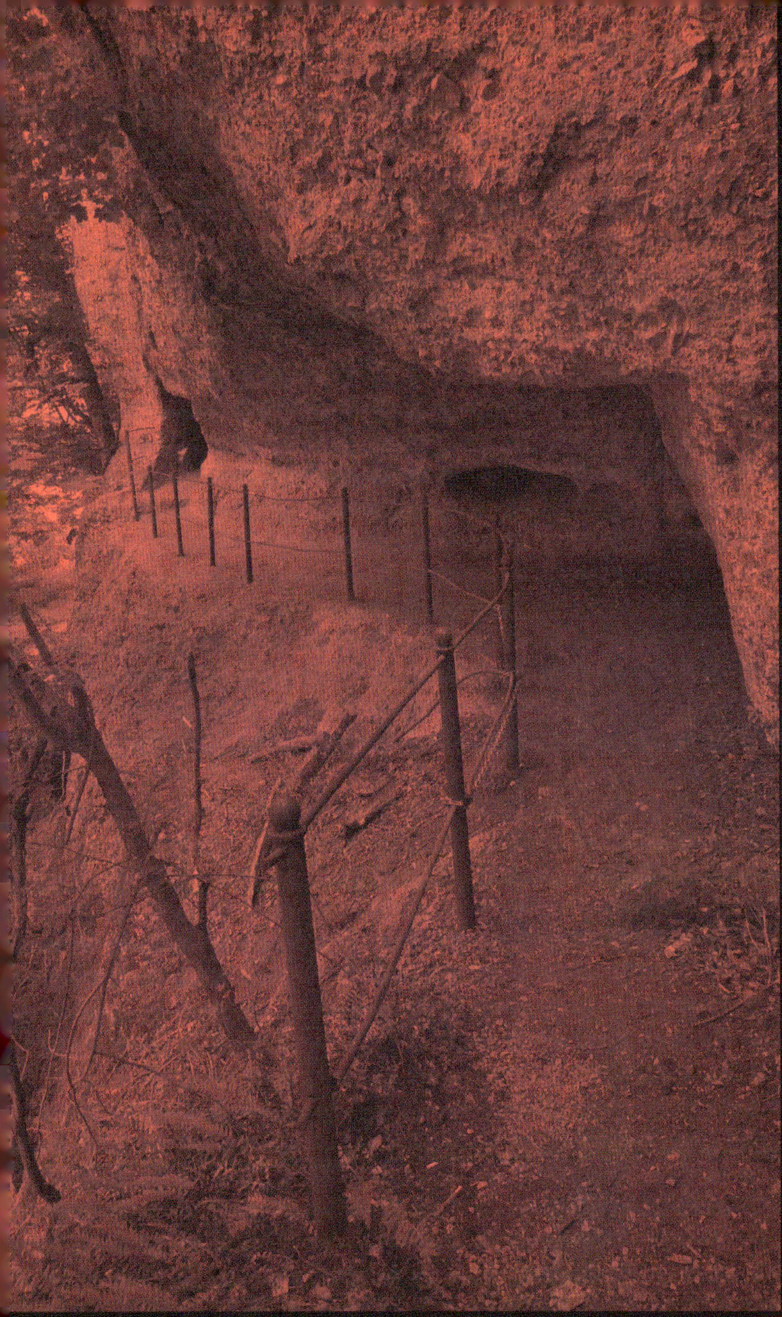

Schotterweg links bergauf. Hinter der nächsten Abzweigung könnt ihr von der Luise-Rubel-Bank aus schon in der Ferne die Ruine Falkenstein erkennen. Zwischen den bewaldeten Ausläufern des Donnersbergmassivs thront sie auf dem Schlot eines erloschenen Vulkans.

Der Weg führt euch oberhalb des Falkensteiner Tals zur Burg. Raben krächzen, während ihr zwischen giftigem Fingerhut und spitzen Brombeersträuchern wandert. Wenn ein Schild geradeaus den Weg zur „Kronbuchhütte" weist, biegt ihr links auf einen schmalen Pfad Richtung „Falkenstein". Dem grün-gelben Balken des Pfälzerwald-Vereins folgend, schiebt ihr euch durch urwüchsiges Unterholz.

Wenn der Pfad nach 400 Metern endet, führt euch der grün-gelbe Balken auf einem breiten Schotterweg an einem rissigen Hang entlang. Hinter der nächsten Abzweigung haltet ihr euch rechts. Der Wald wirkt rechts von euch undurchdringlich und düster. Links könnt ihr zunächst immer wieder durch die hohen Bäume über das Tal blicken. Doch das ändert sich bald. Dicht stehende Eichen und Buchen versperren den Blick und die kahlen Äste der Fichten krümmen sich zu einem grotesken Gewirr.

Wenn ihr den Parkplatz am Ortsrand erreicht, folgt ihr der Beschilderung „**BURGRUINE FALKENSTEIN**" auf die Hauptstraße, mit 25 Prozent Steigung eine der steilsten Straßen Deutschlands. Der Ort Falkenstein wurde bereits im Jahr 891 unter dem Namen „Falconolai" urkundlich erwähnt, die Burg erst deutlich später im Jahr 1135. Im Dreißigjährigen Krieg wurde sie von französischen Truppen belagert, schließlich erstürmt und mit Minen gesprengt. Sieben Jahre später eroberten die Falkensteiner ihre Burg von den Lothringern zurück. Zwischen 1664 und 1666 wurde sie wohl endgültig durch kurpfälzische Truppen zerstört.

> Raben krächzen, während ihr zwischen giftigem Fingerhut und spitzen Brombeersträuchern wandert.

TIPP
Gute Wanderschuhe und Trittsicherheit sind erforderlich, eventuell Wanderstöcke. Die Wanderung ist nicht für sehr heiße Tage geeignet.

Unmittelbar vor der Ruine liegt die „Burgstubb Falkenstein". Wer hier einkehrt, kann mit Blick auf das alte Gemäuer oder sogar inmitten des Amphitheaters essen. Ihr betretet die Ruine über die Holzbrücke und passiert die Überreste des Knechtehauses. Dann taucht links ein riesiger Felsen auf, der langsam von der Natur zurückerobert wird und bereits von jungen Bäumen umrankt und mit Gräsern und Büschen bedeckt ist. Er diente einst als Sockel eines mächtigen Bergfrieds. An der Ostseite der Burg habt ihr den besten Blick auf den Vulkanschlot, wo unzählige Moosarten und sogar Kakteen wachsen.

Weiter südlich erreicht ihr den Palas, dessen Front noch erhalten ist. Durch die hohlen Fenster seht ihr den tief liegenden Zwinger mit den Überresten eines Wachturms. Eine lange Treppe führt euch durch dicke Mauern und vorbei an rauen dunklen Felsen. Vom Zwinger aus blickt ihr zurück auf die tristen Ruinen des Palas. Ihr könnt an der massiven Ringmauer entlanggehen. Wenn ihr die oberen Burganlagen erkundet habt, steigt ihr über Reste des Treppenturms in die alten Kellergewölbe. Verlasst die Burgruine Falkenstein durch das Haupttor an der Burgstubb.

Folgt der steilen Hauptstraße wieder bergauf und biegt in die Straße Falkensteinerhof. Hinter dem gleichnamigen Restaurant leitet euch ein Schotterweg in das Naturschutzgebiet SCHELMENKOPF. Ein schmaler, steiniger Pfad führt über eine mit Trockenrasen bedeckte Kuppe. Nach 300 Metern liegt rechts oberhalb der Aussichtspunkt RABENFELS. Von dort blickt ihr über die Burgruine und das Falkensteiner Tal bis in den Pfälzerwald und die Vogesen.

Geht wieder hinunter und folgt dem Pfad 1,3 Kilometer weit über die offene, trockene Ebene. Ihr durchquert dichtes, stacheliges Gebüsch aus Kreuzdorn, Ginster und Brombeersträuchern und Wäldchen aus uralten, von Flechten überwucher-

EINKEHR
Eine Einkehrmöglichkeit findet ihr in der „Burgstubb Falkenstein". Die Zahlung ist bar oder per PayPal-App möglich.

> Durch die hohlen Fenster seht ihr den tief liegenden Zwinger mit den Überresten eines Wachturms.

ten Eichen und wilden Vogelkirschen. Folgt am Ortseingang der Hauptstraße kurz nach links und dann der Friedhofstraße scharf rechts bergauf.

Unmittelbar vor dem Friedhof biegt ihr rechts in einen Wiesenweg und folgt dem roten Balken in den Wald. Nach einem letzten Blick auf Burg Falkenstein, den Schelmenkopf und den Rabenfels wandert ihr zwischen einer Schlucht und einem hohen Hang, aus dem riesige Wurzeln nach euch zu greifen scheinen. Den nächsten roten Balken entdeckt ihr an einer **15-STÄMMIGEN BUCHE**, die vollständig mit Flechten bedeckt ist. Dann führt euch der rote Balken auf einem Schotterweg bergab.

Links über euch stehen auf dem trockenen, mit Totholz übersäten Hang abgestorbene Bäume zwischen kämpferischen Kiefern und Buchen. Rechts breitet sich unter euch das grüne Tal aus. Ein kalter Wind weht zu euch herauf, während ihr dem roten Balken wieder zurück zwischen die hohen Steilwände der Falkensteiner Schlucht folgt.

Bald erreicht
ihr einen
mystischen,
von knorri-
gen Eichen
umringten
Ort zwischen
schroffen
Felsen.

#04

Keltenrunde
auf dem Donnersberg

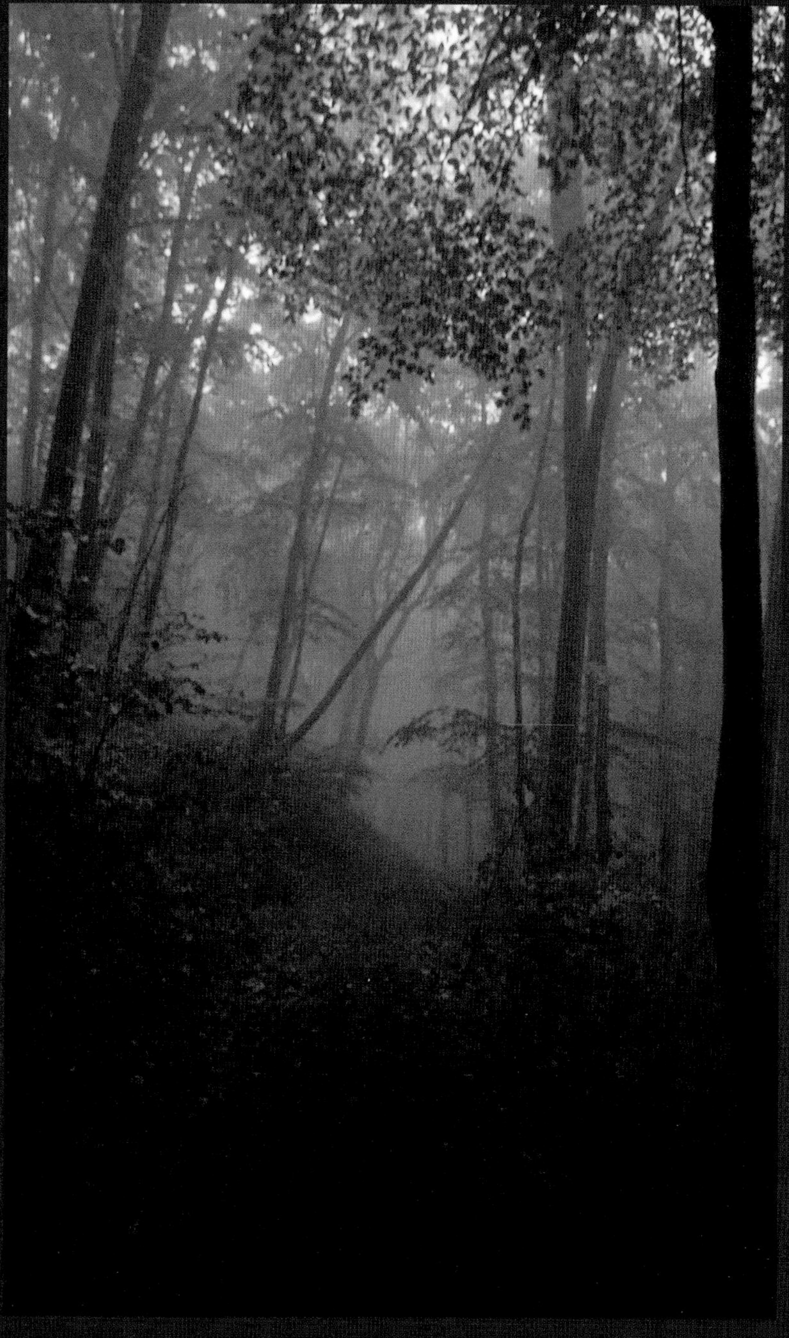

Keltenrunde auf dem Donnersberg 27

Vom mystischen Adlerbogen führen euch bizarre Skulpturen auf den Schutzwall einer 2.000 Jahre alten Keltensiedlung. Ihr erklettert den höchsten Punkt der Pfalz und erkundet eine rätselhafte Burgruine.

HIN & ZURÜCK
Haltestelle Post Dannenfels;
Parkplatz Dannenfels an der
Donnersbergstraße
- Halbtagestour
- Rundwanderung
- Länge 9,7 km
- hoch 368 m, runter 368 m

VOM PARKPLATZ Dannenfels folgt ihr der Donnersbergstraße Richtung Kloster Gethsemani. 40 Meter hinter der Klosterzufahrt führt ein unscheinbarer Pfad links steil den Hang hinauf. Zwischen stacheligen Ranken kämpft ihr euch über rutschiges Geröll, haltet euch bald links und schiebt euch durch das Dickicht. Kurz führt der Pfad am Zaun der Klosteranlage entlang, dann geht es weiter bergauf.

Bald klettert ihr über tote, von schwarzen Pilzen bewachsene Baumstämme, und eine mit Moos überwucherte Mauer leitet euch nach links. Wenn ihr nach dem schwierigen Aufstieg einen breiteren Querweg erreicht, ragt zwischen ausgedörrten Baumgerippen ein kahler, spitzer Stamm wie ein Tentakel aus dem Boden. Haltet euch links und folgt der grünen 5 auf gelbem Grund an düsteren Felsen mit unzähligen Zacken und schmalen Spalten entlang.

An der nächsten Kreuzung führt die 5 in zwei Richtungen. Ihr wählt den Weg rechts bergauf. Die Wurzeln riesiger Buchen winden sich wie Schlangen. Scharfkantige Steine stechen aus der Erde. Bald erreicht ihr einen mystischen, von knorrigen Eichen umringten Ort zwischen schroffen Felsen. Es ist der Moltkefelsen, auf dem in 545 Metern Höhe der **ADLERBOGEN** seine Flügel über dem Donnersberger Land aufspannt. Der stählerne Triumphbogen, der von einem goldenen Adler gekrönt wird, schwebt über einer Kluft zwischen zwei Felszacken.

Steigt hinter dem Bogen die Felswand hinauf. Oben auf dem Plateau ragt eine glänzende Stahlspitze aus einer geometrisch geformten Steinsäule, die wiederum aus einem grob behauenen Felsen erwächst. Es ist die Skulptur „Drei Zeitalter" und für euch die erste Station des Keltenwegs. Folgt der grünen 5 auf einem Schotterweg wieder in den Wald. Bald taucht **DIE KRAFT DES STIERES** auf. Die steinernen Augen des rotmetallen Opfertiers starren euch kalt entgegen. Der Körper ist schmal und verkrümmt.

Kurz darauf wird der zuvor noch lichte Wald plötzlich dicht und dunkel. Wirres Gestrüpp aus geschundenen Buchen und schlohweißen Birken versperrt jegliche Sicht. Hier tobt ein Kampf um den winzigsten Sonnenstrahl. Die Verlierer liegen vertrocknet am Boden. Genauso plötzlich ist der Wald wieder lichtdurchflutet. Um euch herum stehen große Bäume, die vor langer Zeit als Sieger aus dem Kampf hervorgegangen sind.

Bald blickt ihr von oben auf einen Stern aus rostroten Eisen- und moosgrünen Steinbarren. Vor der dunklen Holzhütte am Hirtenfels folgt ihr dem Schild „Ludwigsturm" nach links und bemerkt eine gehörnte Gestalt, die nur schemenhaft im Halbdunkel des Unterholzes wahrnehmbar ist. Die Skulptur aus dünnen Eisenstäben stellt den keltischen Waldgott Cernunnos dar. Die Schlange in seiner Hand steht für seine Fähigkeit, zwischen dieser Welt und der Unterwelt zu wandeln. Einige Hundert Meter weiter wartet eine dunkle, massive Steinskulptur, die einen aggressiven Eber darstellt. Der Eber war für die Kelten ein Sinnbild für Krieg und Zerstörung.

Wenn ihr den **LUDWIGSTURM** schon seht, steht rechts am Waldrand die Skulptur der schwangeren, pferdeköpfigen Fruchtbarkeitsgöttin Epona, die mit einer Hand ihren Bauch, mit der anderen eine Brust hält. Steigt über 142 Stufen die enge Wendeltreppe des grauen Turms hinauf und

> Die steinernen Augen des rotmetallen Opfertiers starren euch kalt entgegen. Der Körper ist schmal und verkrümmt.

EINKEHR
Der Kiosk am Ludwigsturm und die nahe Keltenhütte sind an Wochenenden bewirtschaftet.

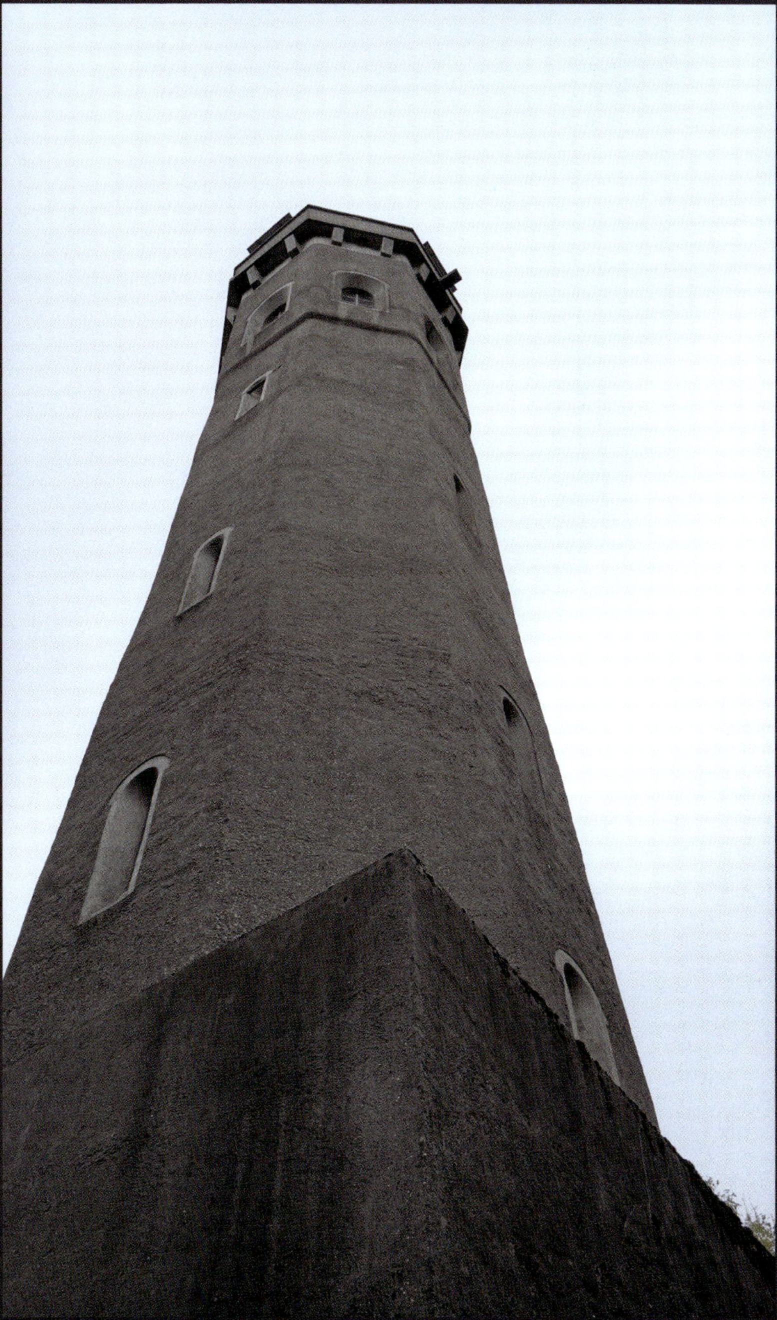

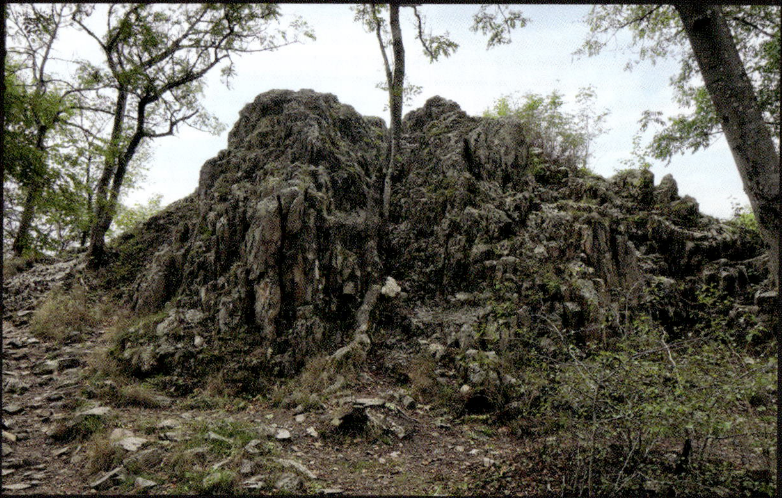

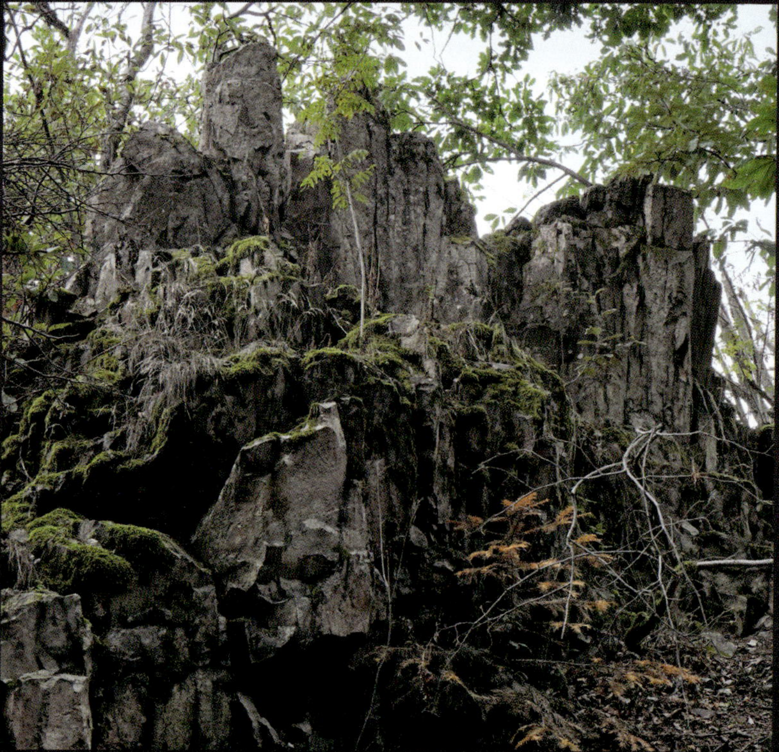

blickt bis in die Vogesen und den Schwarzwald. Dann lasst ihr euch von der grünen 1 nach rechts zum **KELTENWALL** führen.

Hier oben befand sich vor mehr als 2.000 Jahren ein Oppidum, eine keltische Siedlung, in der Tausende Menschen lebten. Bald tauchen zwei zwölf Meter lange Steinwälle an den Seiten des Wegs auf. Sie sind mit dem großen Ringwall verbunden, der das Oppidum schützte. Es handelt sich um Torzangen, die den Zugang zum Stadttor verengten und besser kontrollierbar machten. Steigt die rechte Torzange hinauf und geht auf dem Ringwall weiter.

Es ist ein eigenartiges Gefühl, auf dem Schutzwall einer längst ausgestorbenen Zivilisation zu wandern. An den Seiten stehen uralte Buchen Spalier. Einige dreiste Tannen wachsen mitten auf dem Wall, und ihr tretet unweigerlich auf das Geflecht ihrer Wurzeln. An etlichen Baumstämmen wirken Wunden und Geschwüre wie Augen oder gespenstische Fratzen, die euch stumm beobachten.

Nach knapp einem Kilometer erreicht ihr den gewaltigen **KÖNIGSSTUHL**, einen nackten, zerklüfteten Felskoloss, der einem Thron ähnelt. Ihr könnt ihn auf eigene Gefahr erklettern und darauf Platz nehmen. Dann thront ihr in 687 Höhenmetern auf dem Gipfel des Donnersbergs, dem höchsten Punkt der Pfalz.

Folgt links hinter dem Königsstuhl einem versteckten Pfad bergab. Vorbei an bizarren Felsformationen und zersplitterten Stämmen führt er euch zur grünen 4, die ihr jedoch an der nächsten Gabelung schon wieder verlasst, um euch links zu halten. Nach 300 Metern liegt links ein Hügel, der von der Seite aussieht wie ein schlafender **DRACHE**. Die braune Kuppe ist der Rücken, eine Reihe spitzer, moosbedeckter Steine hängt hinab wie ein Schweif. Uralte Bäume umstehen ihn wie graue Wächter. Ihr könnt auf den Rü-

> Es ist ein eigenartiges Gefühl, auf dem Schutzwall einer längst ausgestorbenen Zivilisation zu wandern.

TIPP
Im Donnersberghaus Dannenfels findet ihr eine Ausstellung mit Originalfunden und Repliken aus dem Oppidum.

cken des Drachen steigen und dort oben ungestört Rast machen.

Der Pfad führt weiter durch einen Bogen aus dornigen Schlehen. An der nächsten Gabelung haltet ihr euch links. Umgestürzte Bäume greifen nach euch und ihr müsst wieder klettern. Verrottendes Holz säumt bald den schmalen Pfad. Ein langer Tunnel aus Birken und Buchen nimmt euch auf und speit euch auf einem breiten Wanderweg wieder aus. Überquert diesen, um dem Pfad wieder ins Unterholz zu folgen. Es ist der Obere Wildensteinweg, der euch zur Ruine der **BURG WILDENSTEIN** bringt.

Haltet euch dazu an der ersten Gabelung halbrechts und folgt nach einem Kilometer dem versteckten Trampelpfad rechts zwischen die Bäume. Nach 100 Metern erreicht ihr eine Bank, hinter der ein Pfad euch zur Burgruine führt. Ihr könnt das Gelände der rätselhaften Festung erkunden. Über ihren Bau sowie ihre Zerstörung ist fast nichts bekannt. Man vermutet, dass die Höhenburg im 12. oder 13. Jahrhundert errichtet wurde. Da nur noch wenige Mauerreste, Schutt und der Schacht einer Zisterne übrig sind, geht man davon aus, dass es sich bei Wildenstein um eine Motte, also eine vorwiegend aus Holz gebaute Burg, gehandelt hat. Sie wurde vermutlich im Bauernkrieg oder im Dreißigjährigen Krieg zerstört und verlassen. Fest steht, dass sie 1657 als Ruine verzeichnet wurde und danach in Vergessenheit geraten ist.

Wenn ihr zu der Bank zurückkommt, folgt ihr der grünen 2 bergab. Eure Schritte knirschen auf dem Geröll. Immer wieder tauchen riesige Pilze auf. 400 Meter hinter dem Aussichtspunkt „**REISSENDER FELS**" verlasst ihr die 2 an einer T-Kreuzung, haltet euch links bergauf und folgt nach 100 Metern an einem Notrufpunkt dem Weg halbrechts. Kurz darauf taucht die grüne 2 wieder auf und führt euch bergab zum Parkplatz zurück.

> Ein langer Tunnel aus Birken und Buchen nimmt euch auf und speit euch auf einem breiten Wanderweg wieder aus.

HINWEIS
Auf dieser Strecke solltet ihr unbedingt die GPX-Tracks nutzen, da der Einstieg und der Weg zur Burg nicht ausgeschildert sind.

AUSRÜSTUNG
Für den Einstieg braucht ihr gute Kondition, Trittsicherheit und feste Schuhe.

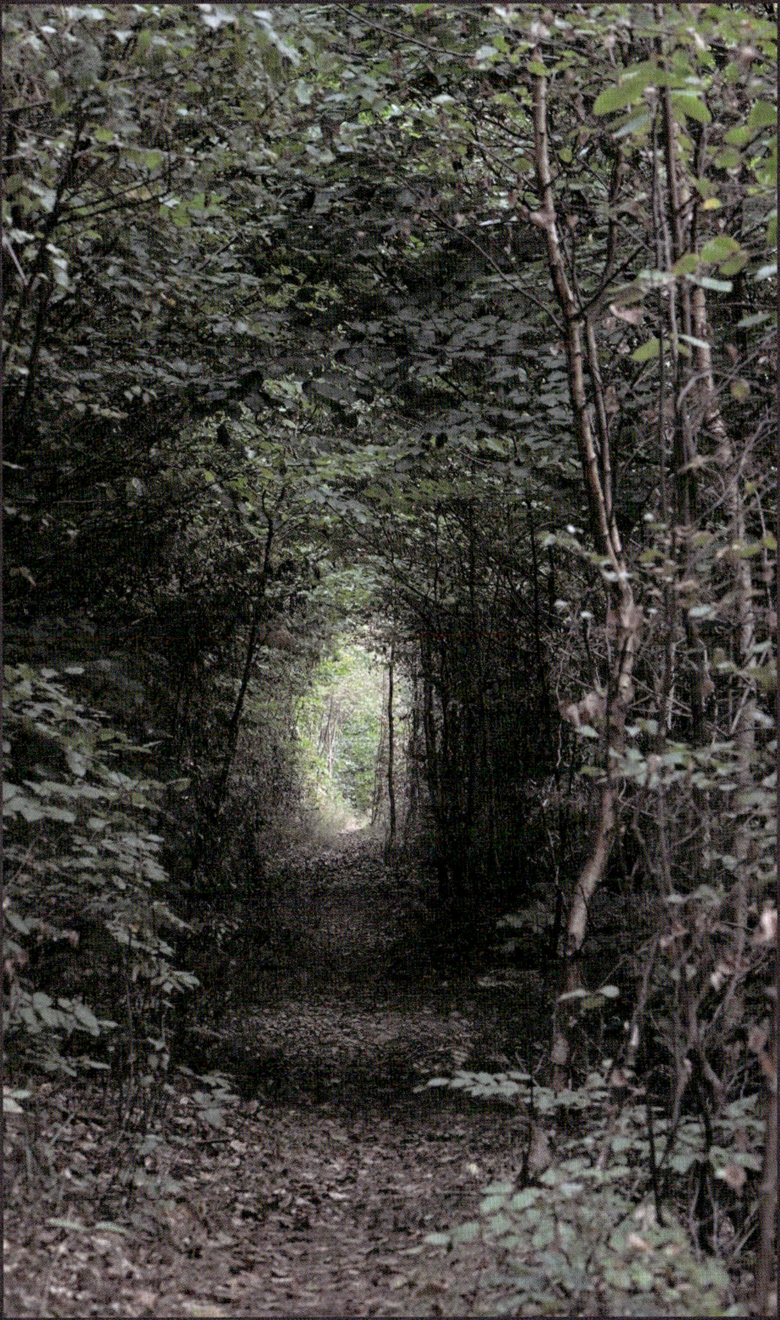

#05

Durch den Galgenwald zum Hochgericht

Durch den Galgenwald zum Hochgericht

Ihr verbringt eine Nacht im Galgenwald, wo ein schwarzer Reiter mit gebrochenem Genick gefunden wurde. Besichtigt dort ein mittelalterliches Hochgericht und durchwandert einen verlassenen Eisenbahntunnel.

WÄHREND des pfälzischen Erbfolgekriegs mussten Kaufleute auf Reisen von Geleitsreitern geschützt werden. In einer Novembernacht im Jahr 1689 bemerkten drei solcher Reiter einen reichen Städter, der mit einem Fuhrwerk eine schwere Last durch den finsteren Galgenwald transportierte. Einer der drei, wegen seines enormen dunklen Bartes „der Schwarze" genannt, wollte prüfen, was dieser heimlich beförderte, doch sein Hauptmann verbot es. Der Schwarze behauptete bald, er wolle noch in die Randecker Schenke einkehren und trennte sich von den anderen.

Doch statt einzukehren lauerte er auf den Mann, folgte ihm und beobachtete, wie dieser 24 Zentner geschmolzenen Metalls in einem Keller versteckte. Ihm war klar, dass es sich um Glockenmetall aus dem von Franzosen niedergebrannten Wormser Dom handeln musste. Der schwarze Reiter denunzierte den Städter und barg mit Erlaubnis der Franzosen das wertvolle Metall. Den durch Verrat erlangten Reichtum konnte er jedoch nicht lange genießen. Im November 1691 fand man ihn mit gebrochenem Genick neben seinem erschossenen Pferd in der Nähe des Galgens. Die Umstände seines Todes wurden nie geklärt.

Ihr könnt unweit des Fundorts übernachten und bei Dunkelheit durch den Galgenwald wandern. Hinter dem Wanderparkplatz Billesweiher führt ein fast zugewachsener Pfad in den Wald.

HIN & ZURÜCK
Haltestelle Randeckerhof;
Wanderparkplatz Billesweiher
Enkenbach-Alsenborn
- Halbtagestour
- Rundwanderung
- als Nachtwanderung geeignet
- Länge 8 km
- hoch 181 m, runter 162 m

Ihr passiert eine Schranke, haltet euch rechts und erreicht nach wenigen Gehminuten das **TREKKING-CAMP** auf einer einsamen Lichtung, wo ihr euer Zelt aufstellen könnt. Folgt dem Weg weiter bergauf, biegt nach 300 Metern rechts ab und folgt dem weißen Auge auf blauem Grund. Der sandige Weg wird plötzlich rot und kündigt so den Galgenwald an.

Jenseits der L 394 ist der Weg flankiert von undurchdringlichem Gestrüpp. Wenn das weiße Auge euch nach links leiten will, geht ihr geradeaus und biegt danach zweimal rechts ab. Der grün-blaue Balken führt euch durch dunklen Nadelwald, der bald zu lichtem Buchenwald wird. 80 Meter vor der L 394 führt ein Pfad nach links. Auf ihm passiert ihr die Weiden des Randeckerhofs, hinter denen bereits sein dunkles Dach zwischen den Bäumen aufragt.

Heute ist der **RANDECKERHOF** keine Schenke mehr, sondern ein Gestüt. Stellt euch vor, wie der schwarze Reiter hier in der Dunkelheit lauerte,

Ein eingemeißeltes Schwert mit Waagschalen macht deutlich, dass auch Todesurteile gefällt wurden.

Durch den Galgenwald zum Hochgericht   37

um den ahnungslosen Städter zu beschatten. Betretet den Hof nicht, sondern biegt vor dem Tor rechts ab, quert die L 394 und folgt dem grünblauen Balken nach links am Ufer des Billesweihers entlang. Sein Wasser gluckert Gefahr verkündend, die Blätter der Moorbirken flüstern von Verhängnis.

Folgt nach 150 Metern einem Hohlweg bergauf Richtung „Göllheimer Häuschen". Roter Sandstein reißt den Erdboden auf und ihr nehmt geheimnisvolle Geräusche aus dem dunkler werdenden Wald wahr. Das **STUMPFWALDGERICHT** liegt schon bei Sonnenuntergang im Schatten. Neun rot-graue Steinsockel stehen im Kreis um einen massiven Quader. Neun Gemeindevertreter und ein Vorsitzender sprachen Recht. Ein eingemeißeltes Schwert mit Waagschalen macht deutlich, dass auch Todesurteile gefällt wurden. Doch dieser Ort, der heute Stumpfwaldgericht genannt wird, ist nur eine Gedenkstätte für den tatsächlichen mittelalterlichen Gerichtsplatz. Dieser lag 300 Meter weiter südlich, am Grenzstein mit den Nummern 33 und 16. Folgt der Wegmarke 14 nach rechts, um dorthin zu kommen. Im Dämmerlicht wandeln sich Baumgerippe zu Skeletten der Hingerichteten, während dunkles Moos den Hohlweg in tiefes Schwarz taucht.

Kurz vor der L 395 führt die 14 auf schmalem Pfad nach links zu einem breiteren Weg, von dem nach 100 Metern rechts ein Trampelpfad abzweigt. Folgt ihm den Hang hinunter zu alten Bahnschienen. Rostrot, teils zugewachsen, führen sie euch nach rechts. Teergeruch liegt in der Luft. Ein riesiger Baum hängt über euren Köpfen und klammert sich an die hohe Mauer, die von Schlingpflanzen überwuchert ist. Die Schienen bringen euch zu einem schwarzen Schlund, in dem ihr verschwindet.

In dem 1988 stillgelegten, 483 Meter langen **EISENBAHNTUNNEL** zerstreut Feuchtigkeit das Licht

INFORMATION
Der Ort, wo der Städter das Glockenmetall versteckte, ist die Ruine der Anselburg auf dem Spitzen Hübel zwischen Neuhemsbach und dem Alsenztal. Durch diverse Eingriffe ist von der Anlage heute kaum noch etwas vorhanden.

HINWEIS
Es wäre gut, wenn ihr vor der Dämmerung am Hochgericht ankommt, damit ihr den versteckten Weg zum Tunnel findet.

eurer Taschenlampe. Statt dem Schnaufen der Eistalbahn hallt nun das Echo eurer Schritte seltsam dumpf von den Wänden wider. Ihr hört Wasser plätschern und geht vorsichtig weiter, denn an mehreren Stellen stehen Klappen im Boden offen. Wenn ihr von völliger Dunkelheit umgeben seid, dämmert euch, dass ihr nicht durch einen Tunnel, sondern durch die Vorhalle zur Hölle wandert. Denn plötzlich steht ihr vor dem geöffneten HÖLLENTOR. Steinbrocken türmen sich an seinen Seiten und in blutroter Schrift heißt Satan euch in seinem Reich willkommen. Dahinter empfängt euch die Finsternis.

Falls ihr euch entscheidet, auf der Erde zu bleiben, geht ihr weiter und verlasst den Höllenschlund durch die andere Tunnelöffnung. Fledermäuse zischen zwischen den Wänden hin und her, als wollten sie euch zurück zu Satan treiben. Wasser trieft an dürrem Geäst die schwarzen Steine hinab. Etwas bewegt sich im Dunkel über euch. Kälte staut sich zwischen dem Felsriff und der hohen Mauer. Folgt den Schienen, duckt euch bald unter die Blätter eines umgestürzten Baums und verlasst die Bahnstrecke über einen Trampelpfad, der zu einem Schotterweg führt.

Nach 200 Metern führt die Wegmarke 3 nach rechts. Dichtes Gestrüpp aus Brombeeren, Disteln und Brennnesseln steht am Weg, doch ihr könnt es in der Nachtschwärze nur erahnen. Wenn ihr die Hemsbachquelle hört, habt ihr den Billesweiher fast erreicht. Auf fahle Birken folgt dichtes Schilf. Der Bach rauscht, wenn er in den Weiher strömt. Bald könnt ihr ans Ufer des Weihers gehen und betrachten, wie sich Schilf und Bäume im schwarzen Wasser spiegeln. Wenn der Anblick euch loslässt, führt die Wegmarke 1 zurück zum Camp. In der Nacht hört ihr den entfernten Schlag einer Kirchturmuhr. Unheil kündende Kauzenschreie lassen euch schaudern und ihr träumt vom schwarzen Reiter im Galgenwald.

> In blutroter Schrift heißt Satan euch in seinem Reich willkommen. Dahinter empfängt euch die Finsternis.

ÜBERNACHTUNG
Ihr könnt im Camp Enkenbach-Alsenborn übernachten. Buchung unter www.trekking-pfalz.de

AUSRÜSTUNG
Ihr braucht auf jeden Fall eine Taschenlampe, da an mehreren Stellen Klappen im Tunnelboden geöffnet sind, unter denen Wasserleitungen liegen.

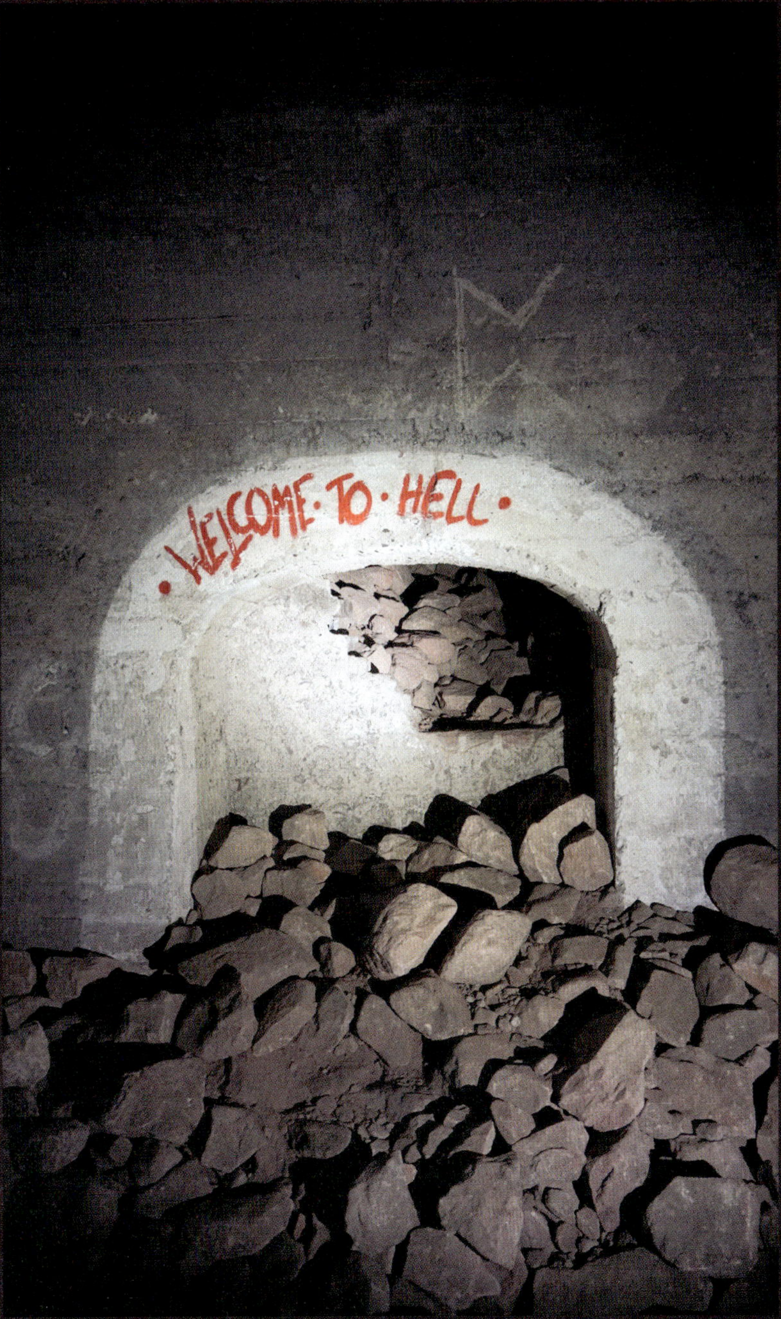
WELCOME · TO · HELL

#06

Der Juncker
von Randegg

Ihr wandert auf den Spuren einer blutigen Sage zu einer Mühle, an der ein heimtückischer Mord stattfand, und von dort zur Burgruine, in deren Hof der Mörder geköpft wurde.

DIE WANDERUNG beginnt am ECKBACH-URSPRUNG in Carlsberg-Hertlingshausen. An der unscheinbaren Quelle beginnt eine Sage, die sieben Kilometer bachabwärts ein tödliches Ende nimmt. Folgt dem Eckbach-Mühlenwanderweg mit der stilisierten Mühle auf weißem Grund durch das Leininger Tal bis zur Schlossmühle Altleiningen. Der Weg führt euch über den Waldparkplatz zum Rahnenhof und macht 700 Meter weiter einen Abstecher nach links. Ignoriert diesen und folgt dem Wanderweg geradeaus weiter durch die Hintergasse. Wenn ihr den Eckbach quert, ist dieser kaum sichtbar, da hohes Schilf, Weiden und Birken ihn verdecken. Doch ihr hört sein unaufhörliches Rauschen.

Nach 1,5 Kilometern führt der Eckbach an den dunklen Becken einer Fischzucht entlang. Dahinter wird das Tal wild und urtümlich. Unter riesigen Bäumen wuchern Farne und wilde Gräser zwischen Brennnesseln und Schilf. Feuchtschwarze, moosbedeckte Stämme hängen über dem Bach. Ihr quert ihn auf einer steinernen Brücke, neben der die Wurzeln einer vierstämmigen Buche eine Insel bilden.

Dann führt die Waldstraße in den Ort Altleiningen, der in einem Talkessel liegt. Die umliegenden Berge sind mit dichtem Nadelwald bedeckt. Am Ende der Straße führt der Eckbach-Mühlenwanderweg über den Parkplatz an der Bahnhofstraße parallel zum Bach weiter. Nach 800 Metern erreicht ihr die ehemalige SCHLOSSMÜHLE. Von ei-

HIN & ZURÜCK
Haltestelle Hertlingshausen
(1,3 km entfernt);
Waldparkplatz (350 m vom
Ortsausgang, folgt der
Schorlenbergstraße dorthin)
- Tagestour
- Rundwanderung
- Länge 15,8 km
- hoch 263 m, runter 263 m

nem Mühlrad ist an dem halb verfallenen Gebäude nichts mehr zu erkennen.

Einer Sage nach hatte sich ein Junker von der Raubritterburg Randeck unsterblich in Jolanthe von Leiningen verliebt. Doch die wunderschöne Grafentochter hatte nur Augen für den Grafen Arend von Egmont und Ijsselstein. Als die Hochzeit der beiden angekündigt wurde, sah der Junker von Randeck rot. Er bezahlte den Müller der Schlossmühle, damit dieser den Steg über den Eckbach ansägte. Am Vortag der Hochzeit überredete der hinterhältige Junker das Brautpaar und Ida, die beste Freundin der Jolanthe, zu einem Spaziergang durch das Leininger Tal mit Besichtigung der Schlossmühle.

Er wollte Jolanthe dazu bewegen, den Steg zur Mühle als erste zu überqueren. Doch der teuflische Plan schlug fehl, als Ida vor der Braut auf das angesägte Holz trat. Der Bach riss die junge Frau ins Mühlrad. Wütend wollte der Randecker auch Jolanthe in den Bach stoßen, doch Graf Arend verhinderte dies. Noch am selben Abend wurde der Junker von Randeck im **BURGHOF ALTLEININGEN** enthauptet. Bis heute soll sein ruheloser Geist in manchen Nächten von der Burg zur Mühle hinunterwandeln und die Anwohnenden in Angst und Schrecken versetzen.

Geht von der Mühle 600 Meter zurück. Steinstufen führen euch zu einer engen Brücke über den **ECKBACH**. Er strömt, mit giftgrünen Wasserlinsen bedeckt, durch sein sandiges Bett. Die Zweige der Silberweiden verschwinden im Wasser. Folgt dem Wiesenweg zur Hauptstraße, quert sie, geht nach rechts und steigt nach 160 Metern eine Treppe empor. Dort führt ein fast zugewachsener Pfad den Berghang hinauf zur Burgmauer. Der einst rote Sandstein ist an vielen Stellen schwarz oder grün verfärbt, aus den Spalten sprießt Schöllkraut. Hinter der Ruine eines runden Turms biegt ihr in die Vorburg, deren Mauern heute einen Parkplatz

> Er strömt, mit giftgrünen Wasserlinsen bedeckt, durch sein sandiges Bett.

TIPP
Randeck ist die Ruine einer ehemaligen Raubritterburg im bayerischen Altmühltal. Sie kann für 2 Euro besichtigt werden.

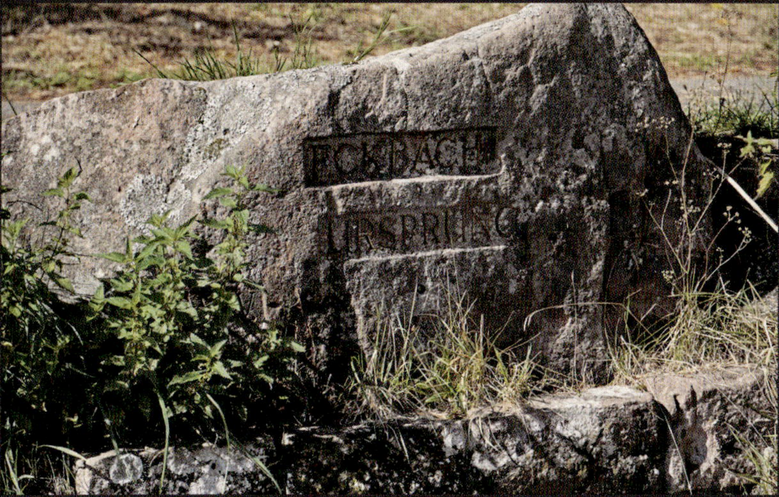
ECKBACH
URSPRUNG

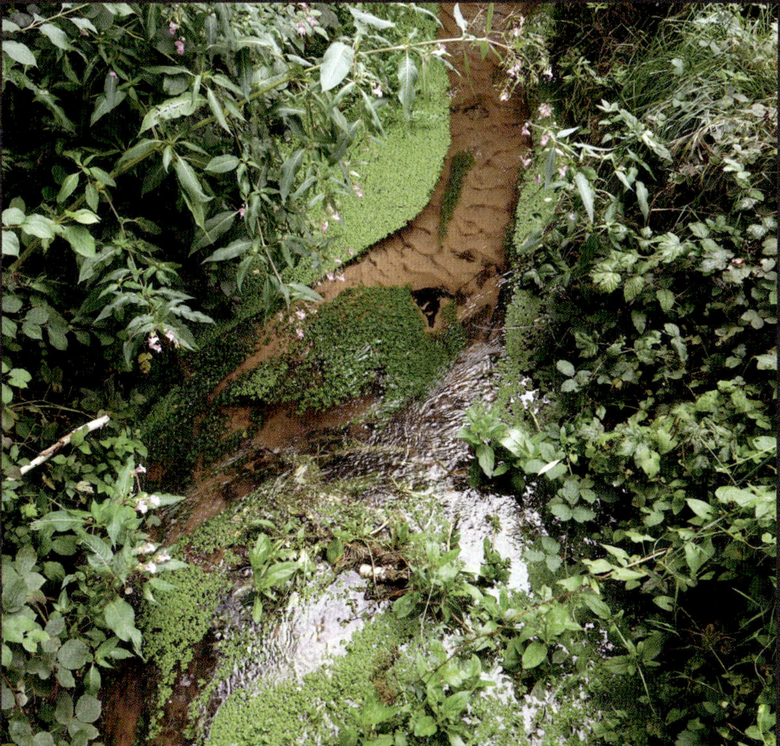

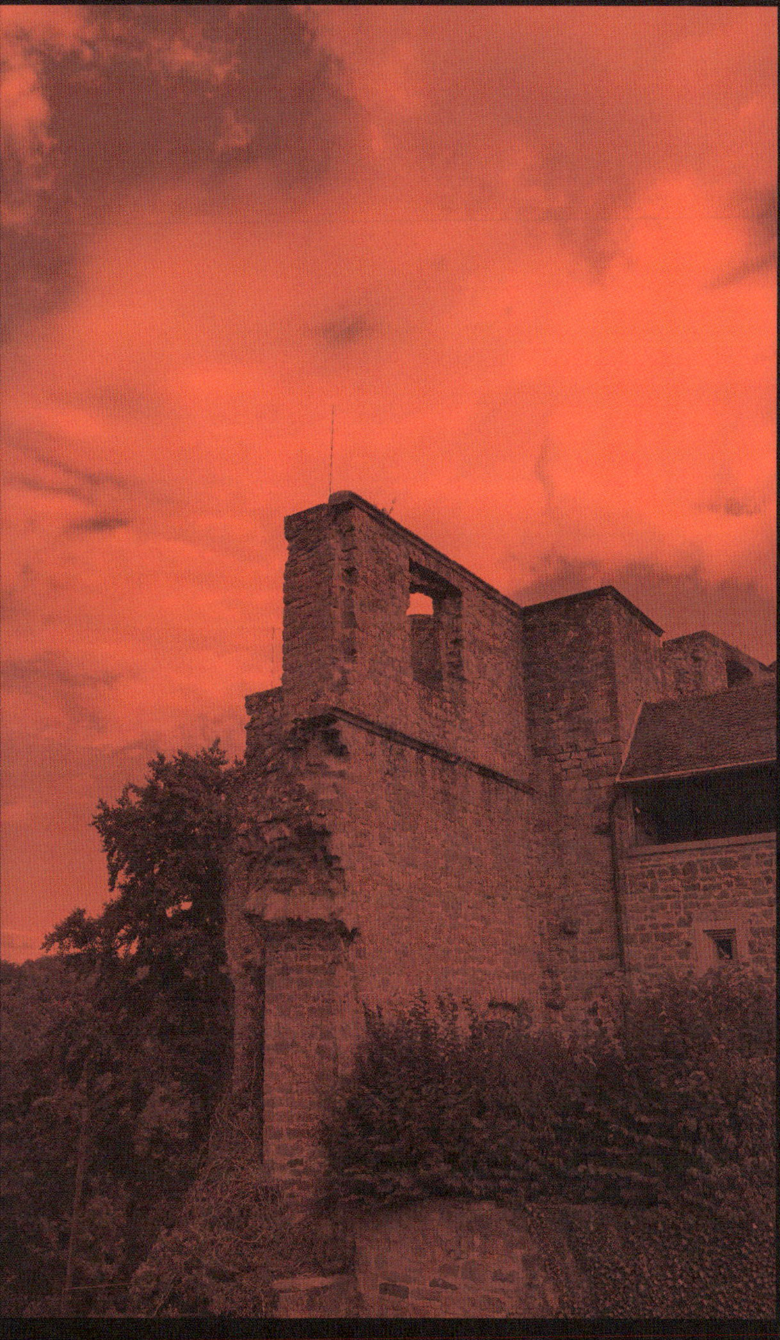

schützen. Neben einem Wehrgang führt eine Brücke über den Burggraben, in dem ein karibikblaues Schwimmbad schimmert.

Durch die meterdicken Mauern gelangt ihr in den **INNENHOF**, wo der Junker enthauptet wurde. Eine Metallstele ragt aus der Mitte des Platzes. Der ehemalige Palas ist heute das Wohnhaus einer Jugendherberge. Efeu und Hopfen ranken um die hohlen Fenster der noch vorhandenen Ruine.

Verlasst das Burggelände, geht zurück zur Eckbachbrücke und folgt hinter der Bank der 2 auf weißem Grund. Unter niedrig hängenden Buchenzweigen klettert ihr den schmalen Pfad hinauf. Im Moos auf vermodernden Baumstümpfen wuchern Pilze. Der Wald wird dichter. Abgestorbene, graue Bäume strecken ihre Äste nach ihren grotesk gekrümmten Nachbarn aus. Verlasst an einem kleinen Rastplatz die 2 und folgt dem gelben Kreuz nach rechts. Dicht stehende Buchen, Eichen und Kastanien bilden unter hohen Kiefern ein wildes Gestrüpp. Das gelbe Kreuz führt euch über den Falken- und Eulenweg durch den Ort und jenseits der Hauptstraße zurück in den Wald.

Wenn ein junger Mammutbaum an einer Abzweigung aufragt, biegt ihr in den Leininger Waldlehrpfad. Er führt zur **KREBS-BUCHE**, einer Rotbuche, deren Stamm durch ein riesiges Baumkrebsgeschwür verformt wurde. Ein solches Geschwür könnt ihr am toten Nachbarstamm aufklappen, um sein Inneres zu beäugen. Der Waldlehrpfad führt euch weiter zu einer Brandschneise und einem sonderbaren Hexenplatz. Wenn der Waldlehrpfad rechts vom Schotterweg abzweigt, verlasst ihr ihn und geht weiter geradeaus.

Haltet euch an der nächsten Kreuzung rechts. Ihr wandert nun wieder am Eckbach, rechts von euch droht ein dunkler Hang. 100 Meter weiter erreicht ihr wieder die steinerne Brücke an der vierstämmigen Buche und folgt dem Mühlenwanderweg zurück nach Hertlingshausen.

> Efeu und Hopfen ranken um die hohlen Fenster der noch vorhandenen Ruine.

ÜBERNACHTUNG
Wer möchte, kann Mitglied im Jugendherbergsverband werden und so auch in der Burg Altleiningen übernachten.

#07

Vom Kloster Limburg
zum Teufelsstein und
Kriemhildenstuhl

Ihr besichtigt die Ruine eines verfallenen Klosters, auf das der Teufel einen Felsen schleudern wollte, der noch heute seine Spuren trägt. Ein römischer Steinbruch ist übersät mit zweitausend Jahre alten Symbolen.

EINST, als auf einem Gipfel über Grethen das Kloster Limburg errichtet wurde, missbrauchten Mönche den Teufel als Bauhelfer, so erzählt man sich. Sie gaben vor, ein Wirtshaus zu bauen, und ließen ihn riesige Steinquader aufeinandertürmen. Erst als die Glocken im Turm der Basilika läuteten, bemerkte Satan den Betrug. In unbändiger Wut wollte er einen riesigen Felsblock gegen das Kloster schleudern, doch Gott durchkreuzte den teuflischen Plan und machte den Felsen weich wie Butter. Deprimiert ließ Luzifer sich darauf nieder. Es heißt, Abdrücke von Hintern, Hufen und Teufelsschwanz seien noch heute zu sehen.

Ihr beginnt die Wanderung am ehemaligen **KLOSTER LIMBURG** mit der Besichtigung der Ruine aus rotem Sandstein. Die kopflosen Gargoyles am gotischen Glockenturm wachen schon lange nicht mehr über das verlassene Kloster. Die Fenster im unteren Bereich der Ruine sind vergittert, die oberen hohl.

Betretet die Kirche über den südwestlichen Seiteneingang. Vom Haupttor am linken Ende des verfallenen Kirchenschiffs blickt noch Maria, die Schutzheilige des Klosters, auf den gegenüberliegenden Altarraum mit der Widmung an Kaiser Konrad aus dem Jahr 1035. Traurige Säulenreste, die seit Jahrhunderten kein Kirchendach mehr tragen, führen zu der einsamen Grabplatte von Gunhild von Dänemark, Gattin Kaiser Heinrichs III. Ihr Leichnam wurde 1038 aus Italien überführt

HIN & ZURÜCK
Bahnhof Bad Dürkheim (2,4 km entfernt); Parkplatz Klosterruine Limburg, Parkplatz Fünfguldenberg (600 m entfernt)
- Halbtagestour
- Rundwanderung
- Länge 7,9 km
- hoch 342 m, runter 342 m

und hier beigesetzt. 1504 wurde das Kloster im bayrisch-pfälzischen Erbfolgekrieg bis auf die Grundmauern niedergebrannt. Die wenigen verbliebenen Mönche bauten den zerstörten Altarraum wieder auf, doch kaum 150 Jahre später machte man alles zunichte, indem man die Ruine als Steinbruch nutzte.

Geht zum Parkplatz, lasst den Skulpturengarten rechts liegen und folgt dem „Gottesburg und Teufelswerk Rundwanderweg" über Stufen auf einen wilden Pfad. Er führt euch im Zickzack 100 Höhenmeter bergab zur protestantischen Kirche. Folgt dem Rundwanderweg auf schmalen Straßen durch den heutigen Bad Dürkheimer Stadtteil Grethen, der von senkrecht abfallenden Felswänden umschlossen ist. Nach 500 Metern überquert ihr die schmale Isenach. Hinter der Weinstube verlasst ihr den Rundwanderweg über eine Treppe halb links, die an einer Mauer beginnt, in die alte Mühlsteine eingelassen sind. Haltet euch rechts und steigt eine weitere Treppe an der Haltestelle „Pfalzmuseum" hinauf.

Folgt dann einem steinigen Pfad bergauf. Dunkle Wurzeln hängen wie dicke Spinnenbeine am Weg, riesige Bäume stützen sich auf rissige Felsen. Je höher ihr kommt, desto stärker wird der Wind und desto sichtbarer die Ruine auf dem Berg gegenüber. Wenn ihr nach 500 Metern eine Steintreppe erreicht, die zu einer dunklen Holzbank an einer SELTSAMEN STEINREIHE führt, haltet ihr euch links. Kiefern mit knorrigen, krustigen Stämmen stehen am Weg. Ihr passiert zwei Aussichtspunkte und folgt dann dem Stein mit dem grünen Kreis auf weißem Grund nach rechts. Unter euren Füßen knacken Zapfen und Nadeln.

Bald tauchen die ersten Überreste eines mehr als 2.500 Jahre alten keltischen Ringwalls auf. Auf dem Areal dahinter liegen zahlreiche unerforschte Hügel, die wohl Ruinen von Häusern sind. Ein Hohlweg führt euch bergauf – rechts die ver-

Dunkle Wurzeln hängen wie dicke Spinnenbeine am Weg, riesige Bäume stützen sich auf rissige Felsen.

Vom Kloster Limburg zum Teufelsstein und Kriemhildenstuhl 49

EINKEHR
Ihr könnt in der Ruine essen. In der ehemaligen Sakristei im Südosten der Basilika befindet sich das Restaurant „Konrad 2", vor der angrenzenden Ruine des Refektoriums ein Gartenlokal.

streuten Steine der **HEIDENMAUER**, links riesige Kiefern und Massen von Totholz. Nach 200 Metern könnt ihr rechts zum „Ritterstein Heidenmauer" abbiegen. Rittersteine sind nummerierte Steine, die seit 1910 im Pfälzerwald aufgestellt und nach Forstdirektor Karl Albrecht von Ritter benannt werden. Mit ihren Inschriften weisen sie auf historisch oder naturkundlich interessante Orte hin. Dann wandert ihr in die entgegengesetzte Richtung weiter.

Der Wald wird dichter und ihr folgt nach 400 Metern kurz einem Schotterweg nach links. Biegt rechts in den „Rundweg Teufelsstein Kriemhildenstuhl" und wählt nach 200 Metern den mittleren von drei verwurzelten Wegen, der bald über keltische Steinstufen steil ansteigt. Er führt euch zu dem mächtigen **TEUFELSSTEIN**, mit dem Satan der Sage nach das Kloster zerstören wollte.

Was im Volksglauben Spuren des Leibhaftigen sind, wird von der Wissenschaft als keltische

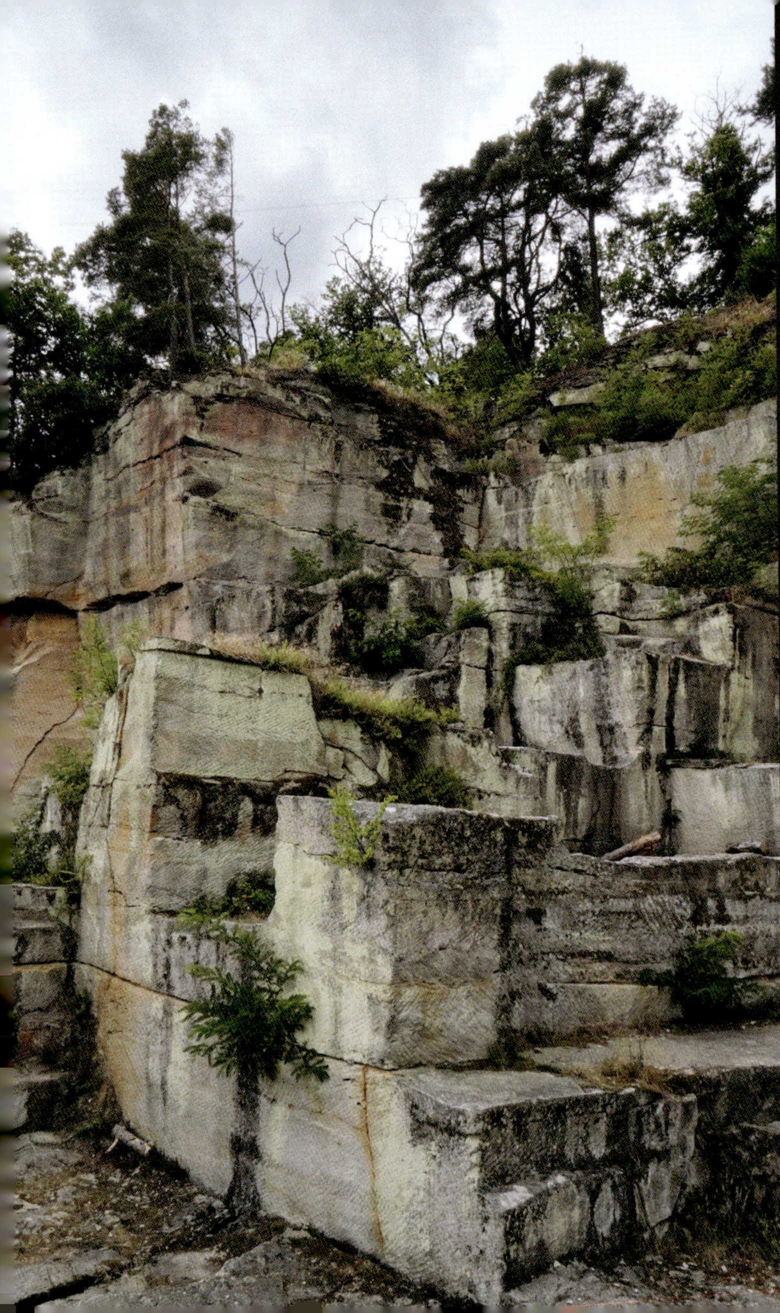

Kultstätte gedeutet. Es ist belegt, dass die Kelten auch Menschen opferten. Der Abdruck vom Hintern des Leibhaftigen wäre demnach eine Schale für rituelle Opfer, die satanische Schwanzspur eine Blutrinne. Eingemeißelte Symbole wie Runen und Sonnenräder scheinen diese Vermutung zu stützen.

Ähnliche Symbole finden sich auch im Steinbruch KRIEMHILDENSTUHL, der euer nächstes Ziel ist. Folgt dem Schild „Römischer Steinbruch 2 km". Der erdige Weg führt um die Bergkuppe und dann leicht bergab. Die Äste von Kastanien und Buchen hängen tief. Biegt nach 200 Metern scharf links ab und wählt an der nächsten Wegspinne den rot-weiß markierten Weg rechts bergab. An der nächsten Gabelung sind es noch 900 Meter.

Ihr erreicht einen Aussichtspunkt über dem Steinbruch und folgt einem schmalen Pfad in Serpentinen hinunter. Der Kriemhildenstuhl ist einer der größten römischen Steinbrüche nördlich der Alpen und war bis ins 4. Jahrhundert nach Christus in Betrieb. Der abgebaute Buntsandstein wurde für Sarkophage und Bauten in Worms und Mainz verwendet. Die freigelegten Steinflächen sind mit Schriftzeichen und Symbolen übersät. So sind hier unter anderem seit fast 2.000 Jahren Gettonius, Ursus und Dossus, Soldaten der 22. Legion verewigt. Zur Zeit ihrer Entdeckung wurden die römischen Standarten und Abzeichen mit altgermanischen Kultsymbolen verwechselt.

Geht von dort über römisches Kopfsteinpflaster bergab und folgt nach 200 Metern dem „Kaiser, Kelten und Römer Panoramarundwanderweg" nach rechts. Er führt euch an der Keltenmauer entlang zum Aussichtsturm KAISER-WILHELM-HÖHE aus dem Jahr 1889. Von oben blickt ihr auf das gegenüberliegende Kloster Limburg und die westlich gelegene Ruine der Hardenburg. Folgt dann dem Wegweiser zurück zur Klosterruine Limburg.

> Die freigelegten Steinflächen sind mit Schriftzeichen und Symbolen übersät.

Ein Trampelpfad führt zu einem schwarzen Maul, das gierig offensteht. Traut euch hinein und wandert in die Dunkelheit.

#08

Durch die Elendsklamm

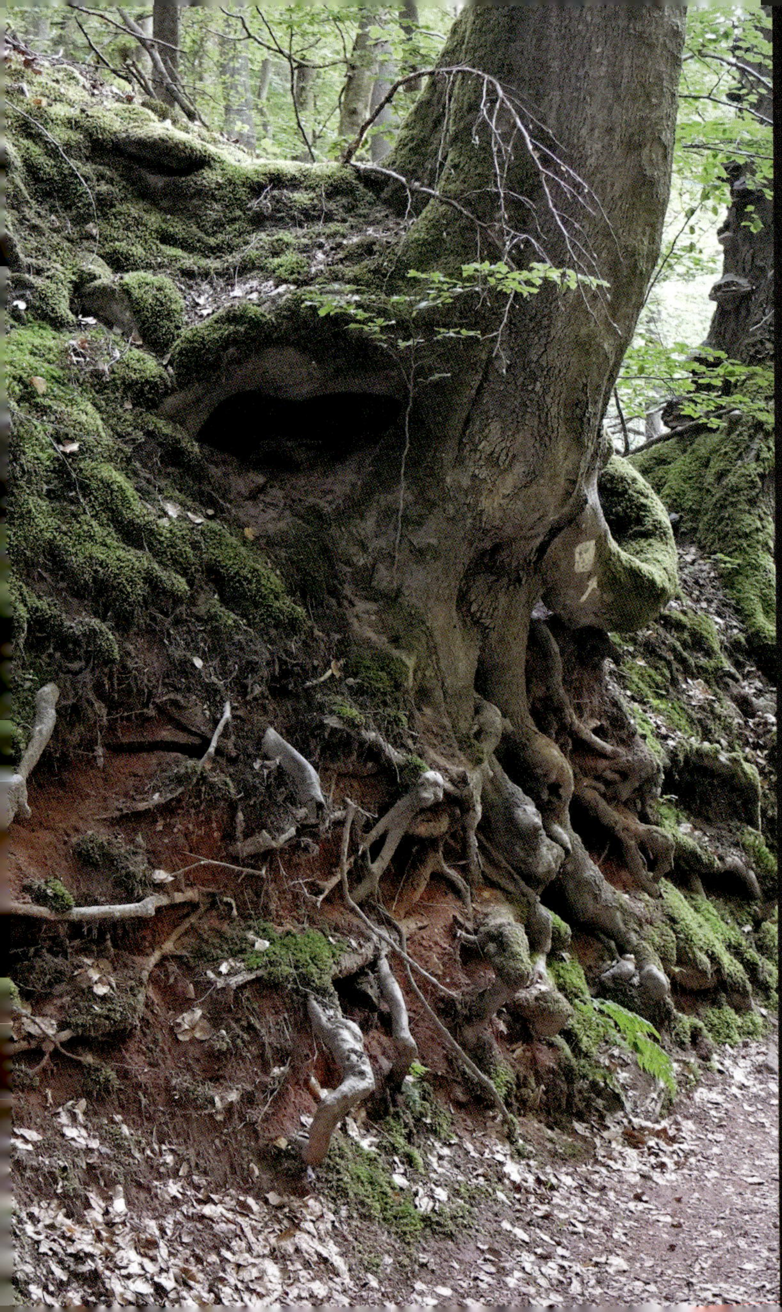

Durch die Elendsklamm

Ihr wandert zu einer dunklen, eiskalten Höhle, die 30 Meter in den Fels ragt, und durchquert die Elendsklamm mit ihren bizarren Felsformationen und ihrer tragischen Geschichte.

HIN & ZURÜCK
Haltestelle Bruchmühlbach Abzw. Winterling;
Parkplatz Bierkeller an der L 464, Bruchmühlbach-Miesau
- Halbtagestour
- Rundwanderung
- Länge 5,5 km
- hoch 128 m, runter 128 m

VOM PARKPLATZ führt ein Weg direkt in den Wald. Unter hohen Buchen und hageren Birken wuchern lebensgefährlicher Fingerhut und Brennnesseln mit ihrem gemeinen Gift. Moos und Gras kleben wie fauliges Fell an den Hängen. Nach 600 Metern könnt ihr rechts in eine Talsenke biegen, wo mächtige rote und graue Felsriffe aufragen. Wenn ihr weitergeht, weist bald der erste wolfsköpfige Wegweiser an einem zersplitterten Stamm zwischen Baumpilzen zur Elendsklamm.

Aus der TIEFE DER KLAMM hört ihr Wasser rauschen und blickt von oben auf dunkle Felsvorsprünge, die vom Frohnbach durchflossen werden. Ein Pfad führt hinunter zu einer Holzbrücke, doch ihr lasst ihn links liegen, um bald einem zweiten Pfad halblinks hinab zu einem Steg über den Bach zu folgen. Nördlich des Stegs ist sein Bett grün überwuchert, südlich scheinen umgestürzte Stämme ihn aufspießen und stoppen zu wollen. Doch das Wasser bahnt sich seinen Weg, so unerbittlich und unaufhaltsam, wie es sich hier seit Urzeiten durch den Fels frisst.

Am anderen Ufer führt der Pfad wieder bergauf, bis er einen ebenen Weg kreuzt. Folgt diesem 60 Meter nach links. Ein Trampelpfad führt rechts bergauf zu einem schwarzen Maul, das gierig offensteht. Traut euch hinein und wandert in die Dunkelheit. Die HÖHLE besteht aus drei hintereinanderliegenden Kammern. Während die moosbewachsenen, pilzförmigen Säulen der ersten Kammer noch vom Tageslicht beschienen werden, liegt die zweite Höhle im Zwielicht. Je weiter ihr vordringt, desto dunkler wird es und wenn ihr die dritte Kammer erreicht, seid ihr vollständig auf eure Taschenlampe angewiesen.

Ihr Licht löst rötliche Sandsteinschichten in wabenähnlichen Strukturen aus der euch umgebenden Schwärze. In der feuchten Kälte könnt ihr euren Atem sehen. Das Tropfen von Wasser durchbricht die gespenstische Stille und ein Schauer läuft euch den Rücken hinunter. Nach 30 Metern stoßt ihr auf massiven Fels, in den noch kleinere Kammern gefräst sind. Ihr blickt zurück zu dem entfernten Spalt, durch den das Licht euch wieder ins Freie lockt.

Geht den Weg zurück und folgt dem Pfad weiter steil bergauf, während ein kalter Wind die Fichten ächzen lässt. Nach 200 Metern stoßt ihr auf einen breiten ebenen Erdweg, dem ihr nach links folgt. Ein toter Baum hängt gefährlich über euren Köpfen. Zwischen seinen leblosen Ästen hat eine Spinne ihr Netz gespannt. Hohes Dickicht und riesige alte Bäume umschließen euch. Dürre Fichten stehen dicht am Weg, der Waldboden ist hier sauer und kahl, aber federnd unter euren Füßen.

Nach 1,2 Kilometern liegt links eine Wiese, die ihr überquert. Haltet euch dahinter wieder links und folgt 20 Meter weiter einem Waldweg nach rechts. Abgesägte Stämme und Stümpfe säumen euren Weg, der bald deutlich abfällt. 300 Meter später folgt ihr einem Schotterweg nach links.

Von diesem Punkt aus wandert ihr den **SAGENHAFTEN WALDPFAD** rückwärts, bis ihr den Frohnbach wieder erreicht. Er führt euch durch eine Schlucht, die von moosbewachsenen Steinen gesäumt wird. Es geht bergauf und bald wandert ihr wieder hoch über der Elendsklamm. Ihr hört Wasser rauschen und erreicht über Stufen die Brücke, die ihr zu Anfang von oben gesehen habt. Quert sie und verlasst vorübergehend den „Sagenhaften Waldpfad", um dem Bach nach rechts durch die Klamm zu folgen.

> Das Tropfen von Wasser durchbricht die gespenstische Stille und ein Schauer läuft euch den Rücken hinunter.

AUSRÜSTUNG
Nehmt für die Höhle eine Taschenlampe mit. Tragt wegen der Brennnesseln besser lange Hosen. Optimal im Hochsommer.

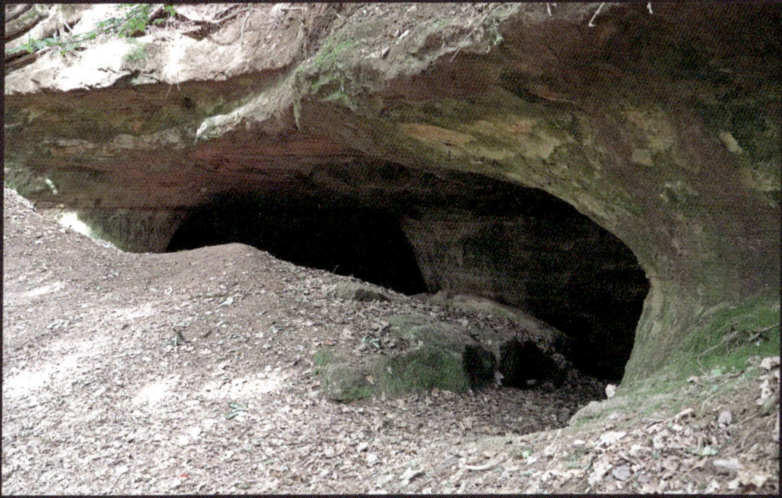

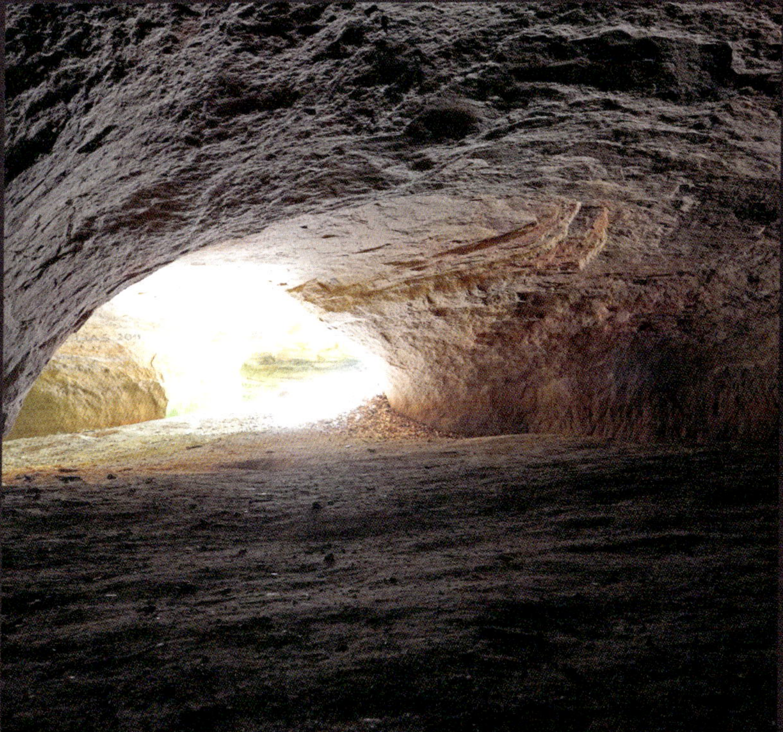

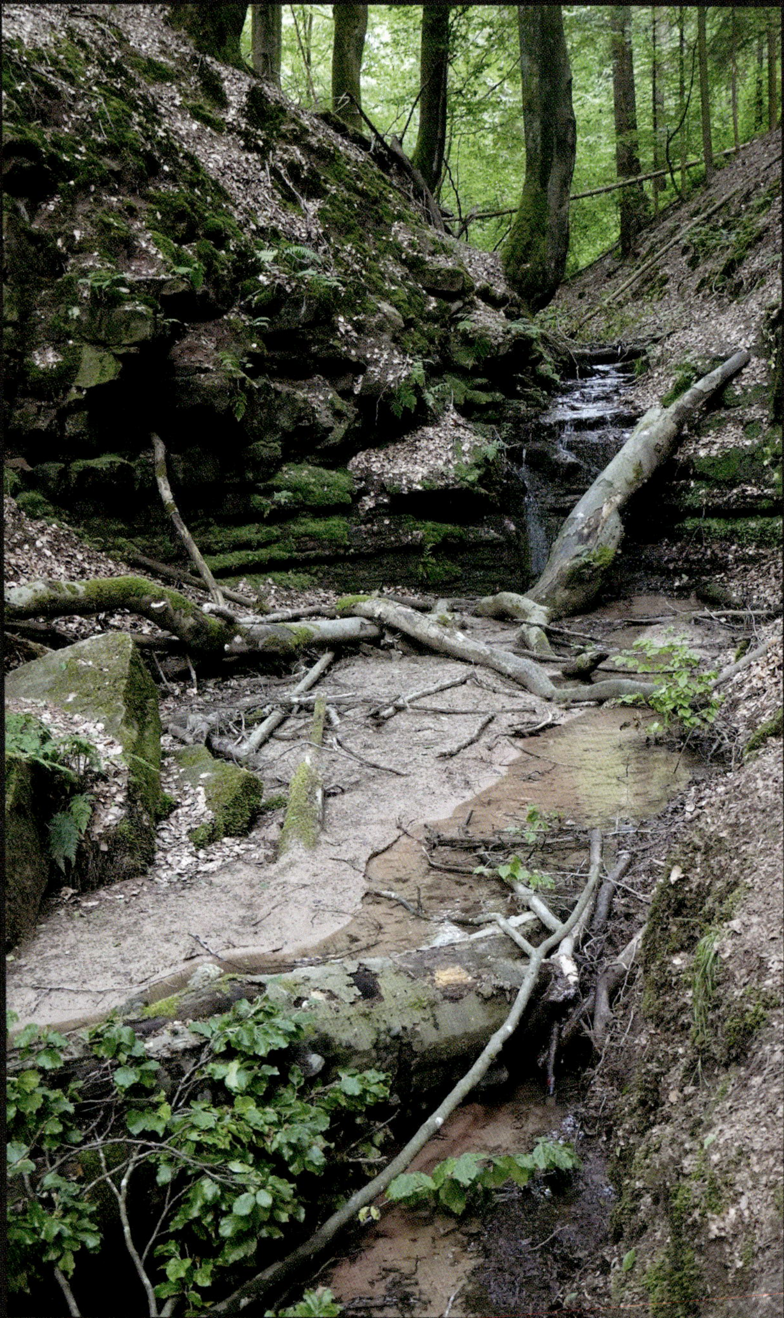

> Unzählige Bäume sind abgestürzt und liegen zwischen roten Blockmeeren am Grund der Klamm.

Der Name „Elendsklamm" könnte auf das Leid anspielen, das hier während der vielen Kriege über die Menschen hereinbrach. Er könnte auch durch eine Wandlung des mittelhochdeutschen Wortes „alilendi" entstanden sein, was „im Grenz- oder Ausland" bedeutet. Denn im 9. Jahrhundert markierte der Frohnbach die umkämpfte Grenze zwischen dem Ost- und Westfrankenreich, den heutigen Ländern Deutschland und Frankreich. Auch der letzte Ritter Franz von Sickingen focht im 16. Jahrhundert hier einen blutigen Krieg gegen die Kurpfalz. Ein Jahrhundert später suchten im dreißigjährigen Krieg die Menschen aus den umliegenden Dörfern in der Klamm Zuflucht vor mordenden und plündernden Truppen.

Ihr durchwandert sie nun auf schmalem Pfad über Stufen und Wurzeln. In der Schlucht neben euch schießt ein Wasserfall über dunkle Gesteinsschichten. Auf diese Weise hat der Frohnbach über Jahrhunderte eine tiefe Rinne in den Quarzsandstein geschürft und bizarre Gesteinsriesen geschaffen, deren verwitterte Schichten aus der Erde brechen.

Unzählige Bäume sind abgestürzt und liegen zwischen roten Blockmeeren am Grund der Klamm. Sie erinnern daran, dass der **SCHLUCHTWALD** Gefahren birgt und auf eigenes Risiko durchwandert wird. Denn hier werden kranke Bäume nicht gefällt und umgestürzte Stämme nicht entfernt. Das Naturschutzgebiet Elendsklamm bietet so einen Lebensraum für seltene Tierarten wie den Feuersalamander und den Trauerschnäpper.

Nach gut 300 Metern taucht der „Sagenhafte Waldpfad" wieder auf und führt euch weiter oberhalb der Elendsklamm entlang, bis ihr das Gelände der **TAUSENDMÜHLE** mit dem Mühlenlädchen passiert. Knapp 160 Meter wandert ihr nun über Asphalt. Dann leitet der „Sagenhafte Waldpfad" euch die Böschung hinauf zurück zum Parkplatz.

HINWEIS
Die Klamm ist ein Naturschutzgebiet – bleibt bitte auf den Wegen. Die Wanderung ist nicht ausgeschildert, GPS empfohlen.

#09

Von der Burg Nanstein zu den Heidenfelsen

Von der Burg Nanstein zu den Heidenfelsen   61

Ihr besichtigt die Burg Nanstein, die auf einem blutroten Sandsteinriff thront. Blickt über eine Moorniederung, wo Irrlichter Menschen in den Tod lockten, und wandert zu einem Quellheiligtum aus dem 3. Jahrhundert.

IHR STARTET vor der **BURG NANSTEIN** und umrundet sie im Uhrzeigersinn. Die Ruine der Festung aus dem 12. Jahrhundert thront auf einem blutroten Sandsteinriff über Landstuhl. Blutrot ist auch die Vergangenheit der Burg, denn hier starb am 7. Mai 1523 „der letzte Ritter" Franz von Sickingen. Als Anführer des Pfälzer Ritteraufstands hatte er dem Kurfürsten und Erzbischof von Trier die Fehde erklärt, um für die Freiheit seines Standes einzutreten. Damit hatte er sein eigenes Todesurteil gesprochen. Die Belagerung von Trier scheiterte, von Sickingen floh vor einer übermächtigen Fürstenkoalition auf seine Burg. Kanonenhagel zerstörte Nanstein und eine einstürzende Mauer begrub den Ritter. Schwer verletzt kapitulierte Franz von Sickingen. Fünf Tage später starb er. Die Burg wurde von seinen Söhnen wieder aufgebaut, aber im Pfälzischen Erbfolgekrieg durch französische Truppen endgültig zerstört.

Folgt dem Burgweg durch den ehemaligen **HALSGRABEN**, von dem heute nichts mehr zu erkennen ist. Rechts droht noch der Batterieturm, der mächtigste, noch erhaltene Teil der 100 Meter langen und 50 Meter breiten Burg. Bald erreicht ihr das Haupttor. Darüber erkennt ihr das verblasste Wappen der Sickinger neben einem Kreuz. Die Öffnungen an beiden Seiten sind Maulscharten, eine für Feuerwaffen optimierte Form der Schießscharten. Franz von Sickingen ließ sie wohl einbauen, als er Nanstein gegen neuartige Waffen si-

HIN & ZURÜCK
Haltestelle Burg Nanstein;
Parkplatz Burg Nanstein
- Tagestour
- Rundwanderung
- Länge 7,5 km
- hoch 170 m, runter 170 m

cherte. Ausgerechnet diese Bemühungen führten wohl zu seinem qualvollen Ende, denn der Angriff soll erfolgt sein, bevor der Mörtel ausgehärtet war.

Durch das Tor gelangt ihr in die Unterburg. Links liegt die Burgschänke im ehemaligen Marstall. Rechts führen Treppen in die Oberburg, die ihr kostenpflichtig besichtigen könnt. Der Sandstein im Burghof leuchtet rot, zerstörte Steine tragen noch das Sickinger-Wappen. Durch einen hohlen Rahmen gelangt ihr in den Treppenturm und hinunter in einen KELLER. Hier unten, wo heute Tafeln an sein Leben erinnern, soll der letzte Ritter seinen Verletzungen erlegen sein. Nehmt die düstere Atmosphäre des Raums in euch auf und steigt hinauf zum Oberburgplateau, wo ihr aus 330 Metern Höhe über Landstuhl, den Militärflughafen Ramstein und die Moorniederung Landstuhler Bruch blickt. Vom Burghof steigt ihr über Treppen hinab und erkundet die feuchtkalten Gänge und Gewölbe, die unter der Burg in den roten Stein geschlagen sind.

Wenn ihr das Burggelände verlasst, folgt ihr dem Burg-Nanstein-Weg, der mit dem Umriss der Festung beschildert ist, Richtung Heidenfelsen. Der Weg führt leicht bergauf durch riesige Bäume und vorbei an zerklüfteten Felswänden.

Dann erreicht ihr den Aussichtspunkt HERRENGÄRTCHEN. Um 1830 kontrollierte Heinrich Didier, Inhaber der Posthalterei, von hier seine Arbeiter im Landstuhler Bruch. Mit dem Fernrohr beobachtete er, wie sie in dem gefährlichen Moor mit Booten Bohlenwege legten und Torf abbauten. Vielleicht sah Didier dabei auch die Irrlichter, die bei Dunkelheit über dem Bruch tanzten und Menschen ins Verderben lockten. Wer ihnen folgte, versank auf ewig im Morast. Man erzählte sich, die Irrlichter seien unerlöste Seelen, die verzweifelt auf Rettung warteten.

Der Burg-Nanstein-Weg führt nun bergab, vorbei an behauenem Gestein durch dichten

> Der Sandstein im Burghof leuchtet rot, zerstörte Steine tragen noch das Sickinger-Wappen.

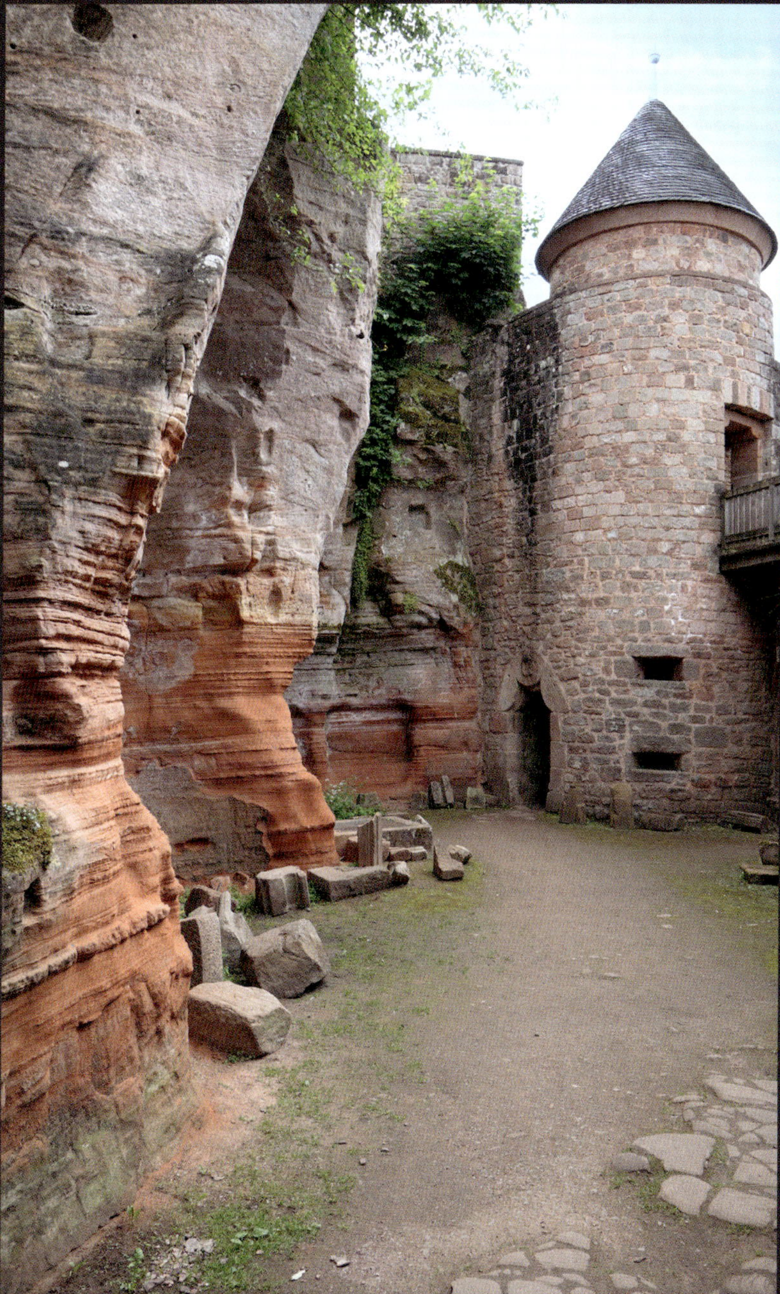

Wald und die Wiesen um Landstuhl. Nach einem Kilometer steigt ihr steil bergab. Wenn rechts ein dunkler Felskoloss unter kahlen Baumstämmen aufragt, sind die **HEIDENFELSEN** nah. Die Reste des römischen Quellheiligtums aus dem 3. Jahrhundert, zwei traurige Steinbrocken, liegen geschützt unter einem Holzdach. Darauf zeigen Reliefs eine opfernde Figur am Altar und Quellgottheiten, denen Opfergaben dargebracht werden. Spinnenweben füllen die Rillen. Unter einer riesigen, knorrigen Wurzel entspringt die Heilquelle. Früher kamen Menschen voller Hoffnung an diesen Ort. Heute ist er in Vergessenheit geraten.

Folgt oberhalb des Heiligtums der „Mountainbike Tour 6" auf einen schmalen Pfad, der von Wandernden und Radfahrenden gemeinsam genutzt wird. Nach 1,2 Kilometern folgt ihr einer asphaltierten Straße zum Ortsrand von Kindsbach und biegt nach knapp 120 Metern in einen Pfad, der Richtung Bärenlochschlucht führt. Haltet euch kurz darauf Richtung Aussichtspunkt „Alter Pavillonplatz" und geht im Zickzack einen steilen Hang hinauf. Vom Aussichtspunkt blickt ihr bis zum Donnersberg, dem höchsten Bergmassiv der Pfalz.

Zu euren Füßen liegt ein **GEDENKSTEIN** mit verwitterter Inschrift. Er ist Albert Leo Schlageter gewidmet, der 1923 in Düsseldorf von den französischen Besatzern wegen Spionage und Sabotage hingerichtet wurde. Schlageter erlangte in der Bevölkerung eine Art Märtyrerstatus. Im dritten Reich entstand der „Schlageter-Kult", der den Soldaten mystifizierte und zum Nationalhelden erhob.

Geht zurück und folgt dem Waldweg geradeaus. Haltet euch nach 200 Metern an der Gabelung rechts. Ihr quert einen Schotterweg und biegt gut 40 Meter danach rechts in einen erdigen Pfad, der euch direkt an dem Felskoloss oberhalb der Heiligenfelsen entlangführt. Hohe Kiefern

TIPP
Wenn ihr in Kindsbach den linken Pfad wählt, könnt ihr kostenlos im Bärenlochweiher schwimmen.

Von der Burg Nanstein zu den Heidenfelsen

> Früher kamen Menschen voller Hoffnung an diesen Ort. Heute ist er in Vergessenheit geraten.

wachsen zwischen den schwarzen und roten Felsen, die aus Abertausenden Schichten zu bestehen scheinen.

Nach 700 Metern steigt ihr wieder Richtung Heidenfelsen ab, folgt aber diesmal weiter dem Pfad links am Abhang entlang. Die „Mountainbike Tour 6" führt euch nun in 2,4 Kilometern zurück zur Burg Nanstein, zwischen gesplitterten und zerfetzten Bäumen an moosbewachsenen Felsriesen entlang. Bald wandert ihr oberhalb von Landstuhl mit Blick auf den Militärflughafen Ramstein. Dürre, bizarr gekrümmte Bäume sind wild verwoben und erzeugen eine mystische Atmosphäre. Tausende winzige Wurzeln winden sich aus Spalten am Hang, während ihr euch unter umgekippten Bäumen hindurchschiebt oder über sie hinüberklettert. Von der Friedhofstraße am Ortsrand führt die Tour euch links in Serpentinen bergauf, bis nach 500 Metern die Burg auf dem blutroten Felsen wieder vor euch liegt.

#10

Von der Burg Wilenstein
zur Karlstalschlucht

Von der Burg Wilenstein zur Karlstalschlucht 67

Vom Trippstadter Schloss wandert ihr zur Burg Wilenstein. Folgt von dort dem Weg einer verzweifelten Ritterstochter in der Karlstalschlucht und passiert den Mühlweiher, in dem die Unglückliche ertrank.

HIN & ZURÜCK
Haltestelle Bürgermeisteramt Trippstadt;
Parkplatz am Trippstadter Schloss
- Halbtagestour
- Rundwanderung
- Länge 10,8 km
- hoch 240 m, runter 240 m

DIE WANDERUNG beginnt am **TRIPPSTADTER SCHLOSS**. Das Barockschloss aus rotem Sandstein wurde 1766 für den kurpfälzischen Obristjägermeister Franz Karl Freiherr von Hacke und seine Gemahlin Amönia Freiin von Sturmfeder erbaut. Der französische Garten hinter dem Herrenhaus wurde um 1780 im Auftrag des Sohns Karl Theodor von dem berühmten Landschaftsarchitekten Friedrich Ludwig von Sckell zum englischen Garten umgestaltet. Unmittelbar danach passte dieser auch die als Verlängerung des Schlossparks gedachte Karlstalschlucht dem neuen Stil an. Bevor Sckell sich ihrer annahm, hieß die enge Felsenschlucht Wüstetalschlucht und war durch dichten Urwald und viele Gesteinstrümmer schwer begehbar.

Ihr betretet den Schlosspark durch ein Tor an der Hauptstraße, durchquert ihn auf dem mittleren Weg und geht geradeaus in den Wald. Haltet euch kurz vor der Mauer rechts und verlasst nach gut 50 Metern den Park durch eine Holztür. Kopfsteinpflaster führt euch nach links und schon bald ist der Rundwanderweg Karlstalschlucht ausgeschildert, dem ihr nun folgt. Er führt zunächst durch Wiesen und Felder, bis ihr den **WILENSTEINERHOF** erreicht. Der Bauernhof diente einst der Versorgung der **BURG WILENSTEIN**, deren Schildmauer ihr schon über den Dächern aufragen seht.

Die Spornburg aus dem 12. Jahrhundert wurde im Zuge von Erbstreitigkeiten und Strafexpe-

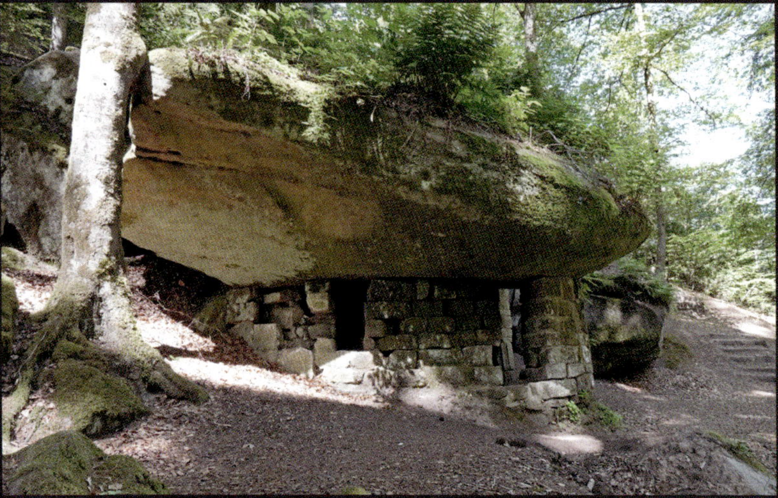

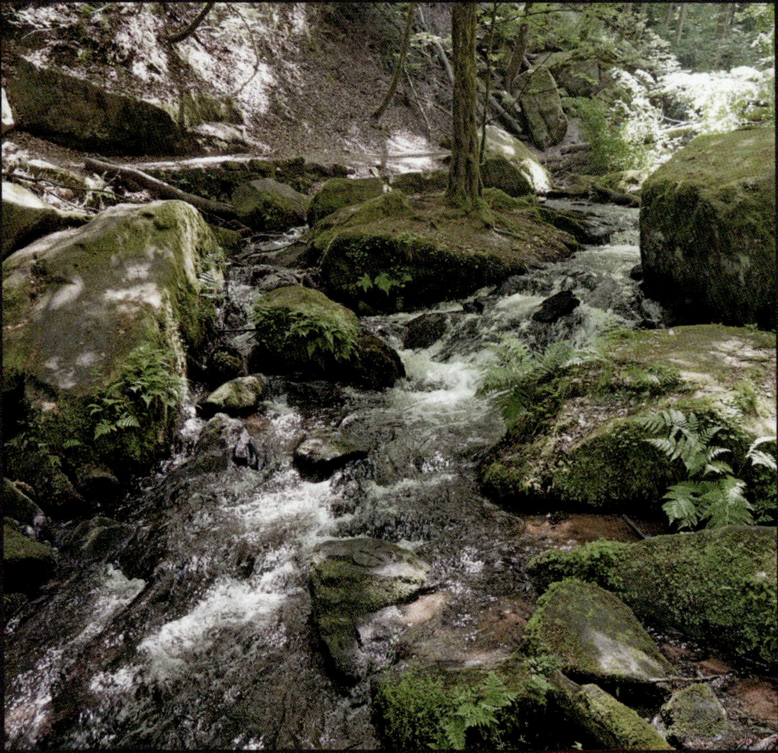

Von der Burg Wilenstein zur Karlstalschlucht

> Hier, in dem trüben, dunklen Wasser, soll die Tochter des Ritters ertrunken sein.

ditionen mehrmals zerstört und wieder aufgebaut. Im Jahr 1340 wurde sie erweitert und daraufhin von zwei Adelsgeschlechtern gleichzeitig bewohnt. Die Grafen von Daun-Falkenstein residierten in der Oberburg, während das niedere Geschlecht der Raubritter von Flersheim in der Unterburg lebte. Zweimal musste ein Burgfrieden zwischen den gegensätzlichen Familien geschlossen werden. Um 1570 ist verzeichnet, dass die Burg Wilenstein zerbrochen und verbrannt sei. Danach blieb die Ruine jahrhundertelang einsam und unbewohnt. Erst in den 1960er-Jahren wurde die Oberburg restauriert und als Schullandheim eröffnet. Die Ruine der Unterburg ist auf eigene Gefahr frei zugänglich.

Geht an der mächtigen **SCHILDMAUER** entlang und umrundet die rötliche Burg im Uhrzeigersinn. Die Oberburg ist gepflegt. Der vordere Palas, einst Sitz der Grafen von Daun-Falkenstein, dient heute wieder als Wohngebäude. Die Flersheimer Unterburg dagegen liegt in traurigen Trümmern. Umrundet den halb zerstörten Bergfried, durchquert den Palas, dessen dunkle Ruinen mit Flechten bedeckt sind, und verlasst die Unterburg durch den ehemaligen Zwinger.

TIPP
Am Turm der ehemaligen Kirche St. Blasius am Aschbacherhof ist noch der eingemeißelte Schäferstab zu sehen. Aschbacherhof 4 in Trippstadt, Haltestelle Aschbacherhof Ort.

Der Sage nach soll die Tochter des Ritters von Flersheim wegen einer Liebesbeziehung mit einem Schäfer vom Aschbacherhof alle ritterlichen Verehrer abgewiesen haben. Der Vater zwang sie schließlich zur Verlobung mit dem edelsten Anwärter. Kurz darauf erfuhr sie, dass ihr Schäfer an gebrochenem Herzen gestorben war. Entsetzt lief sie ins Karlstal hinunter, um dem Mönch, der dort in einer Klause lebte, ihr Leid zu klagen. Dieser versprach, dem Vater wenigstens die Zwangsheirat auszureden. Doch er kam zu spät. In ihrer Verzweiflung war die junge Frau auf dem Rückweg ausgerutscht und im eiskalten Mühlweiher ertrunken. Aus Reue widmete der Ritter von Flersheim den Liebenden eine Kirche am Aschbacherhof.

Folgt nun dem Weg der Unglücklichen, verlasst dazu das Burggelände und folgt dem Rundwanderweg Karlstalschlucht bergab. An der KLUG'SCHEN MÜHLE überquert ihr die Straße und umrundet das Fachwerkhaus beim Rauschen des Mühlbachs. Der Mühlweiher ist heute von einer Steinmauer umgrenzt, an der alte Mühlräder lehnen. Hier, in dem trüben, dunklen Wasser, soll die Tochter des Ritters ertrunken sein.

Quert den Mühlbach auf der Holzbrücke und geht an seinem Ufer weiter. Der Wald ist dicht und scheint undurchdringlich. Bäume hängen tief über dem verwurzelten Weg, am Hang drohen riesige Felsen. Nach 500 Metern erreicht ihr eine schiefe Steintreppe, die hinauf zur Klause des EINSIEDLERMÖNCHS führt. Ihr Dach ist ein gewaltiger Felsen. Stachelige Ranken hängen herab und weisen den Weg zum Eingang, einem dunklen Loch in der niedrigen Mauer. Im engen Innenraum findet ihr einen Grabstein und eine schwarze Metallplatte. Beide geben die Sage in Gedichtform wieder. Den Grabstein soll der Ritter von Flersheim als Sühne für den Tod seiner Tochter gestiftet haben.

Hinter der Klause führen Treppen bergauf zu einem erdigen Weg, der euch tiefer in den Wald bringt. Ihr passiert von dickem Moos bewachsene Hänge und unterquert zersplitterte Stämme. Bald führt ein Wanderweg knapp 100 Meter nach links, dann biegt ihr wieder links in einen schmalen Pfad. Über dicke Steine und umgekippte Bäume geht es bergab zurück zur Einsiedelei.

Im Zickzack steigt ihr den Hang hinab und folgt dem Mühlbach namens MOOSALBE durch das Tal. Er hat Höhlen und Überhänge in den Stein geschürft. Ihr quert ihn immer wieder auf hölzernen Stegen und duckt euch unter querliegende Stämme. Totholz bedeckt in wildem Gewirr die Hänge und rutscht hinunter, an manchen Stellen nur von groben Felsbrocken aufgehalten. An an-

> Mitten in dieser wilden Natur steht ein eleganter Pavillon, der wie aus einer anderen Welt scheint.

HINWEIS
Die Karlstalschlucht gilt als der schönste Kilometer der Pfalz. Besucht sie falls möglich nicht am Wochenende.

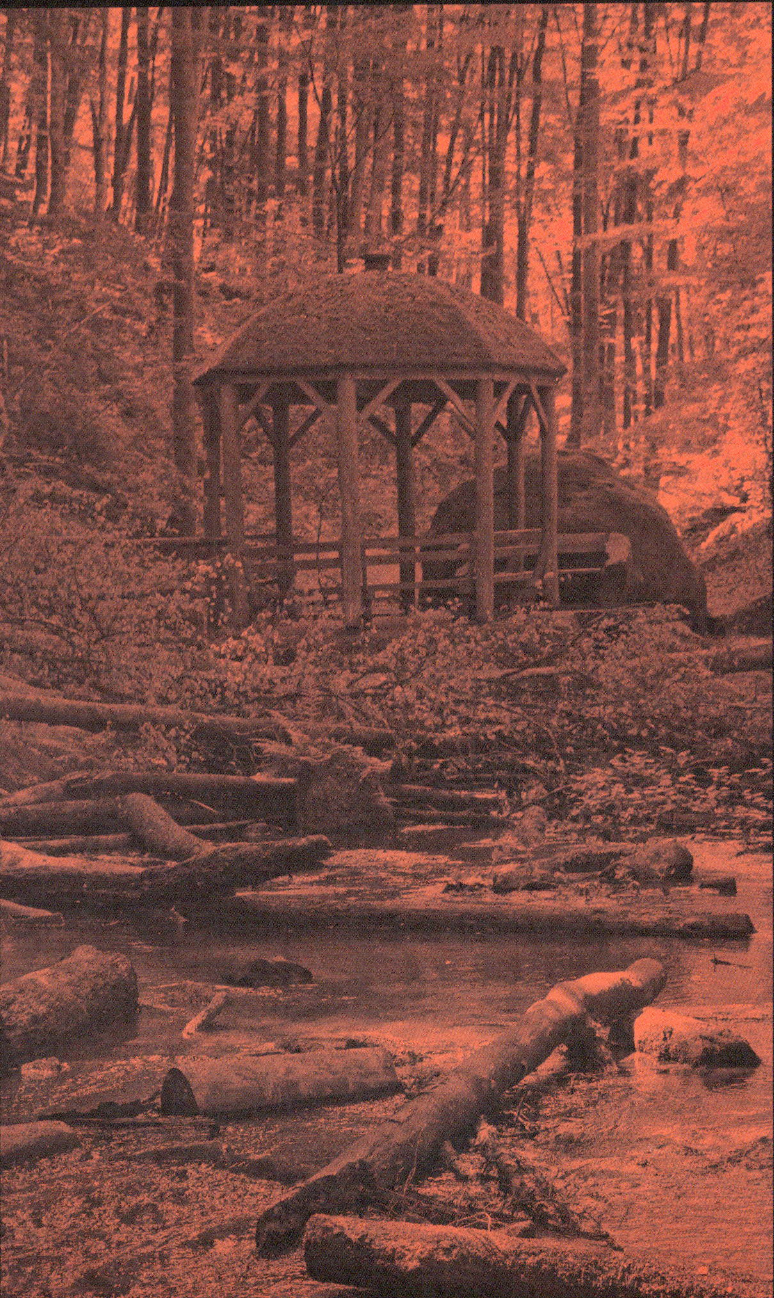

deren Stellen ist der Bach bereits bedeckt mit umgestürzten Bäumen, deren Äste und Blätter traurig im Wasser treiben. Mitten in dieser wilden Natur, verborgen zwischen Felsen und nur über eine Brücke erreichbar, steht ein eleganter PAVILLON, der wie aus einer anderen Welt scheint. Acht hölzerne Säulen tragen ein pilzförmiges Dach, das mit einer dicken Moosschicht bedeckt ist. Darunter könnt ihr euch niederlassen und die mystische Atmosphäre der Schlucht in euch aufnehmen.

Geht dann weiter zum Rastplatz an der Felsenpyramide, haltet euch links bergauf und folgt dem Wegweiser Richtung Oberhammer. Ihr erreicht diesen Wohnplatz nach 100 Metern, durchquert ihn und geht Richtung Gutenbrunnerhof. Umrundet einen kleinen, trüben See und blickt bald von einer Brücke auf GIFTGRÜNE WASSERPFLANZEN, die alles unter sich zu erdrücken scheinen.

Der Rundweg führt von dort gut 2,5 Kilometer zwischen einem von der Moosalbe durchflossenen Sumpfgebiet und einem hohen Hang entlang. Links von euch drohen zersplitterte Wurzeln umgestürzter Bäume. Rechts wuchern Sumpfgras und Wasserlilien. Ihr betretet das Hofgelände durch ein Tor und passiert Weiden und Scheunen. Auf Höhe des Wohnhauses verlasst ihr den Gutenbrunnerhof durch ein zweites Tor. Ein schmaler Weg führt Richtung Trippstadt, steil bergauf durch ein einsames Waldstück mit bizarren Baumgebilden und moosig-grünen Felsen. Oben bringt euch ein breiter Weg nach links zu einem Pfad am Rand einer Schlucht. Rechts am Abhang klammern sich riesige Buchen mit ihren Wurzeln an Steinblöcke.

Bald überquert ihr den Campingplatz SÄGMÜHLE und umrundet ihn auf einem schmalen Pfad, der euch durch den Wald zurück nach Trippstadt führt. Haltet euch am Stadtrand links und folgt dem Köhlerweg nach rechts zurück zum Schloss.

Blickt bald von einer Brücke auf giftgrüne Wasserpflanzen, die alles unter sich zu erdrücken scheinen.

ÜBERNACHTUNG
Auf dem Campingplatz Sägmühle könnt ihr in Hexenhäuschen übernachten.

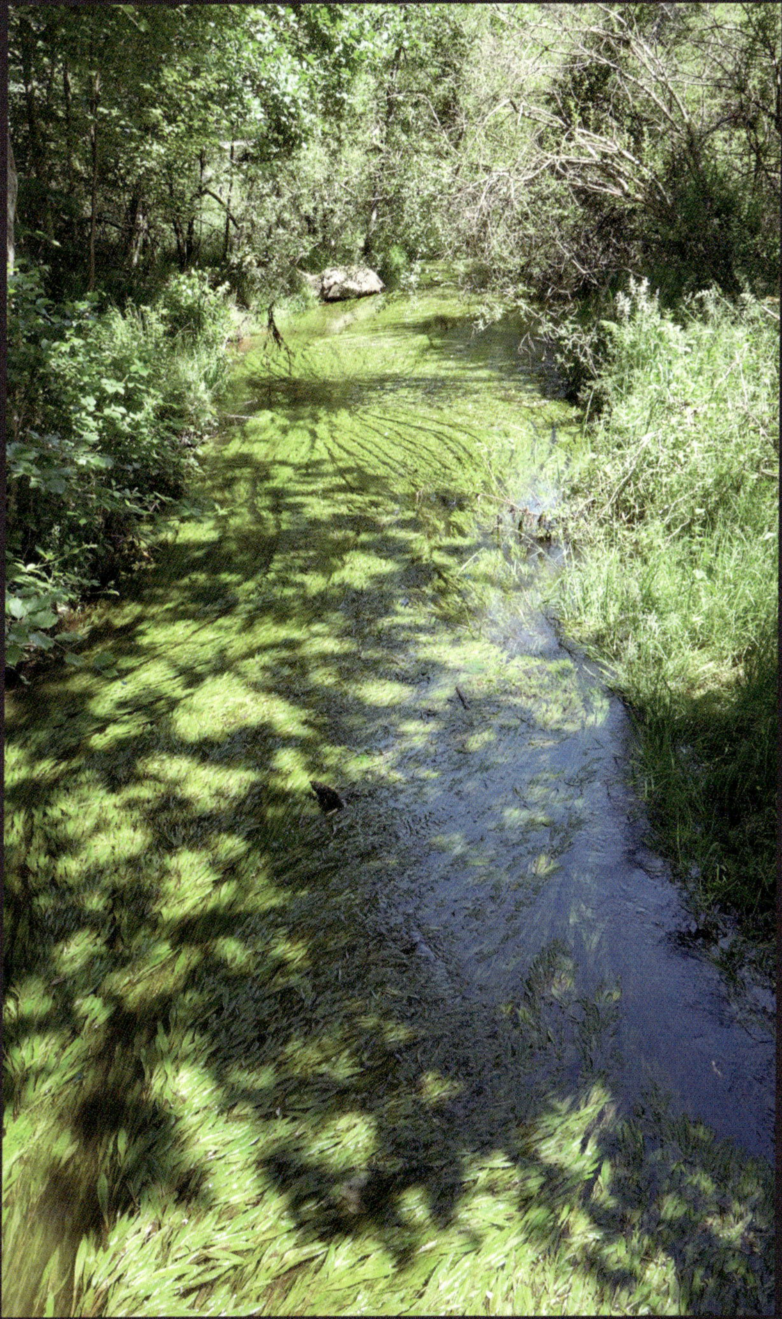

#11

Bordehut-Runde zum Jagdhaus Iggelbach

Diese schaurige Strecke führt euch von einem kirchenlosen Glockenturm, der 30 Jahre lang für Beerdigungen läutete, in den tiefen Wald zu der Ruine eines verlassenen Spukhauses.

HIN & ZURÜCK
Bushaltestelle Iggelbach Ort
(300 m vom Glockenturm);
Parkplatz Dorfplatz
- Halbtagestour
- Rundwanderung
- als Nachtwanderung geeignet
- Länge 6,1 km
- hoch 262 m, runter 262 m

DIE WANDERUNG beginnt vor dem kirchenlosen GLOCKENTURM in der Schlossgasse 16 in Iggelbach. Das rote Sandsteingebäude wurde im Jahr 1900 auf einem kleinen Felsenriff am damaligen Ortsrand erbaut. Sein Geläut begleitete rund 30 Jahre lang Trauerzüge auf dem Weg zum Friedhof. Hier in der Schlossgasse stand auch das Forsthaus, das 1833 von Förster Friedrich Hoffmann und seiner Familie bezogen wurde. Zuvor hatten sie in einem einsamen Jagdhaus im tiefen Wald gelebt.

Doch ein grauenhafter Geist, den man wegen seines auffälligen Hutes mit breiter Krempe den Bordehut nannte, hatte die Familie dort Nacht für Nacht heimgesucht. Nach Einbruch der Dämmerung war er um das Haus geschlichen, hatte an die Tür gepocht und seine bleiche Fratze an die Fenster gedrückt. Der Förster hatte mit seiner Flinte Jagd auf den Bordehut gemacht, doch vergeblich. Keine Magd wollte mehr im Jagdhaus arbeiten, viele Menschen mieden die Gegend. Schließlich floh die völlig verstörte Försterfamilie in das zwei Kilometer entfernte Dorf.

Um zum verlassenen Spukhaus zu gelangen, biegt ihr kurz hinter dem roten Turm in die Straße „Große Äcker", die auf einem Wiesenweg endet. Nach 150 Metern lasst ihr an einer Gabelung einen grauen, zersplitterten Baumstamm, der wie ein drohender Finger in den Himmel ragt, links liegen. Dann wandert ihr nach rechts auf den IGGELBACHER PAVILLON zu. Dieser einsame Aussichtspunkt wird die letzte Station eurer Wanderung sein, haltet euch also kurz vorher Richtung „Ruine Jagdhaus" und folgt am Waldrand dem Wanderzeichen 19 auf einem schmalen Pfad nach links.

Im dichten Wald ist es schon bei Sonnenuntergang dunkel und Iggelbach schnell außer Sichtweite. In der spärlich besiedelten Gegend begegnet man nur selten einem Menschen. Ihr quert einen Schotterweg und folgt der 19 bergauf. Der Pfad wird zu einem tiefen Hohlweg. Buchen und Fichten bilden ein dichtes Dach. Links sperrt ein hoher Hang das letzte Licht aus. Lauert dahinter der Bordehut?

Steigt eine Steintreppe hinauf und haltet euch weiter Richtung „Ruine Jagdhaus". Nur das Knirschen eurer Schritte auf dem Schotterweg durchbricht die Totenstille des finsteren Waldes. Nach 100 Metern führt ein rötlicher Weg halb-

Wagt ihr es, über die Schwelle zu treten?

rechts bergauf. Das Mondlicht wirft schaurige Schatten. Steine, Holz und Büsche wirken wie drohend geduckte Wesen. Fahle Motten werden vom Licht eurer Taschenlampe angelockt. Ab und zu dringt ein seltsames Knacken aus dem schwarzen Gehölz. Ein Kauzenschrei lässt euch eine Gänsehaut über den Rücken laufen.

Auf einer Anhöhe vor euch erheben sich Kiefern und Fichten wie Riesen und ihr passiert einen unheimlichen HOCHSITZ. Erst aus der Nähe könnt ihr erkennen, ob sich jemand darin versteckt. Ihr erreicht eine T-Kreuzung und biegt links ab. Nun rückt die Dunkelheit des Waldes nah an euch heran. Wenn ihr nach 200 Metern rechts abbiegt, seid ihr von Schwärze umgeben. Sie kündet von der Nähe des unheilvollen JAGDHAUSES.

Die Mauern der Ruine tauchen bald aus den Schatten auf. Das Licht der Taschenlampe fällt auf schwarze Spalten zwischen schiefen Steinen, die mit Flechten und Moos bedeckt sind. Hier trieb die geisterhafte Gestalt ihr Unwesen. In der Finsternis schlich sie aus dem Gestrüpp, um mit ihren weißen Klauen am Holz der Tür zu kratzen, ihre Opfer mit groteskem Grinsen anzustarren und in Todesangst zu versetzen. Wagt ihr es, über die Schwelle zu treten?

Im Inneren steht ihr zwischen Farn, Disteln und jungen Buchen auf einer dicken Erdschicht. Die Prägung einer dunklen Metallplatte auf einem uralten Stein verrät, dass Förster Friedrich Hoffmann am 11. Juli 1833 von hier nach Iggelbach zog. Das Jagdhaus wurde zerstört. Man hoffte wohl, den gefürchteten Bordehut dadurch zu bannen, doch in der Kälte der Nacht scheint ihr seine Anwesenheit zu spüren. Ihr könnt die Ruine mit dem niedrigen Kellerraum und dem sonderbaren ovalen Zimmer näher erkunden, oder Richtung „Brandbuche" weitergehen.

Nach 100 Metern erreicht ihr eine Lichtung. Weiße Birken werden vom Mondlicht beschie-

TIPP
In Iggelbach befindet sich ein Ziplinepark. Mehr Informationen unter: www.zipline-elmstein.de

nen, über euch schimmern die Sterne. Bald erreicht ihr die Schutzhütte an der **BRANDBUCHE** und folgt von dort der Kreisstraße nach rechts. Nach 30 Metern führt die 19 auf einen schmalen Pfad rechts bergab. Um euch herum ist es wieder totenstill. Plötzlich vermeint ihr, hinter jedem Baum die grauenerregende Grimasse des Bordehuts zu erkennen. Der steile Hang links von euch wirkt beklemmend. Ihr durchquert einen Fichtenwald mit kahlen Stämmen. Der Weg ist so weich, dass er die Geräusche eurer Schritte zu verschlucken scheint.

Wenn der Pfad auf einem breiten Weg endet, geht ihr geradeaus weiter und umrundet eine kleine Lichtung. Hier entspringt der **IGGELBACH**. Bald taucht die 19 wieder links an einem Baum auf. Sie führt euch hinter der Lichtung auf einem erdigen Weg leicht bergab. Rechts von euch liegt jetzt ein zerklüfteter Hang, links dichtes Gebüsch. Lasst ein umzäuntes Wasserschutzgebiet links liegen und folgt kurz darauf dem Marschallpfad rechts über hölzerne Stufen bergauf. Der Pfad ist schmal, der Abhang steil. Steine ragen vor euren Füßen aus der Erde. Umgestürzte Baumstämme wurden durchsägt, um den Weg freizulegen. Bald drohen über euch am Hang große dunkle Felsbrocken, die von riesigen Wurzeln umschlungen werden, aber unten im Tal leuchten schon die ersten Lichter von Iggelbach.

Auf einem Wiesenweg kommt ihr ins Freie. Bald folgt ihr ihm an einer Gabelung rechts bergauf und erreicht den **IGGELBACHER PAVILLON**. Aus 370 Höhenmetern blickt ihr auf den kleinen, warm erleuchteten Ort, der dem Förster und seiner Familie vor dem entsetzlichen Bordehut Zuflucht bot. Leichter Nebel hüllt ihn wie eine schützende Decke ein und ihr hört das Gebell von Hunden, die treu ihre Häuser bewachen. Über die dunkle, taufeuchte Wiese wandert ihr zurück in das schützende Dorf.

> **Das Mondlicht wirft schaurige Schatten. Steine, Holz und Büsche wirken wie drohend geduckte Wesen.**

#12

Drei Burgen und die Sage von der ledernen Brücke

Drei Burgen und die Sage von der ledernen Brücke 81

Ihr besichtigt eine Burg, die durch eine Belagerung völlig verändert wurde. Durch den tiefen Pfälzerwald wandert ihr anschließend zu zwei weiteren Burgen, die durch eine grauenhafte Sage miteinander verbunden sind.

HIN & ZURÜCK
Haltestelle Breitenstein (Pfalz);
Parkplatz Ruine Breitenstein
Esthal
- Halbtagestour
- Rundwanderung
- Länge 7,5 km
- hoch 255 m, runter 255 m

VOM PARKPLATZ „Ruine Breitenstein" folgt ihr der Talstraße 30 Meter nach rechts und biegt dann wieder rechts auf den „Drei-Burgen-Rundweg". Der Schotterweg führt euch durch dichten Wald zwischen Farn und Felsen bergan. Nach einem Kilometer liegt links eine Steintreppe, die euch den Hang hinauf zu einem Waldweg bringt. Im Zickzack steigt ihr bergauf. Umgestürzte Stämme versperren euch den Weg und ihr müsst klettern oder euch hindurchschieben. Bald bemerkt ihr Steinquader, die von Moos überwachsen auf dem Waldboden verstreut liegen. Dahinter ragen die Mauern der **BURG BREITENSTEIN** auf, die um 1470 im Kurpfälzischen Krieg zerstört wurde. Die Ruine der roten Festung thront auf einer mächtigen Felsnase. Ein einsamer Torbogen führt ins Nichts.

1291 überfielen die Grafen von Sponheim die Breitensteiner. Da es ihnen nicht gelang, die Burg im Kampf einzunehmen, bauten sie eine Belagerungsburg unmittelbar vor deren Mauern. Erst 1340 wurde Graf Walram von Sponheim für schuldig befunden, diese Belagerungsburg unerlaubt gebaut zu haben und verurteilt, sie abzutreten. Doch aufgrund der Begünstigung durch den Pfalzgrafen geschah das nie. Zwischen den Breitensteinern und den Sponheimern wurde 1357 ein sogenannter „Burgfrieden" geschlossen, der das Zusammenleben beider Parteien auf der Burg regelte. Seitdem galt die Belagerungsburg als

Hauptburg. Die eigentliche Burg Breitenstein wurde zur Vorburg degradiert.

Steigt am schroffen Abhang über Wurzeln und Steinstufen weiter bergauf, um diese zu erreichen. Die ältere Burganlage ist nicht so rot wie die Belagerungsburg, sondern mit Moos und Flechten überzogen und teils mit Gräsern und Schlingpflanzen bedeckt. Ihr könnt sie auf eigene Gefahr erklettern, oder ihr lasst den Anblick auf euch wirken und geht auf demselben Weg zurück zum Parkplatz.

Überquert dort die Straße und folgt der Beschilderung zum Forsthaus Breitenstein. Gegenüber dieser Gaststätte führt euch der „Drei-Burgen-Rundweg" bergauf Richtung Ruine Spangenberg, zunächst als Schotterweg, dann als fast zugewachsener Wiesenweg. Schließlich wird er zu einem schmalen Pfad durch verfilzten Wald. Der karge Boden ist übersät mit Nadeln und verrottendem Totholz. Nach 1,8 Kilometern stehen steinerne Stelen am Weg. Ihr betretet das Gelände des ehemaligen STUTGARTENS, wo die Bischöfe von Speyer auf einer Fläche von 2,72 Hektar Pferde züchten ließen, und passiert den Burgbrunnen, eine von Stein eingefasste, natürliche Quelle.

Dann öffnet sich der Blick auf die Schildmauer der BURG SPANGENBERG, die mit den bizarren Schichten des rauen, 240 Meter hohen Bergsporns zu verschmelzen scheint. Folgt ihr und geht über Steinstufen hinunter zum Burgtor, das in den unteren Burghof führt. Es steht nur offen, wenn auch die Burgschenke geöffnet hat. Jahrhundertealte Büsche wachsen aus den dunklen Mauern. Von der Terrasse habt ihr einen Blick über das Tal auf die gegenüberliegende Ruine der Burg Erfenstein. Im historischen Gewölbekeller erzählen ein Bleiglasfenster und ein gerahmtes Gedicht die Sage von der ledernen Brücke.

Spangenberg und Erfenstein sollen einst Brüdern gehört haben. Eine lederne Brücke, die zwi-

> **Ein einsamer Torbogen führt ins Nichts.**

HINWEIS
Informationen zu den Öffnungszeiten von Burg Spangenberg und der Burgschenke unter www.burg-spangenberg.de.

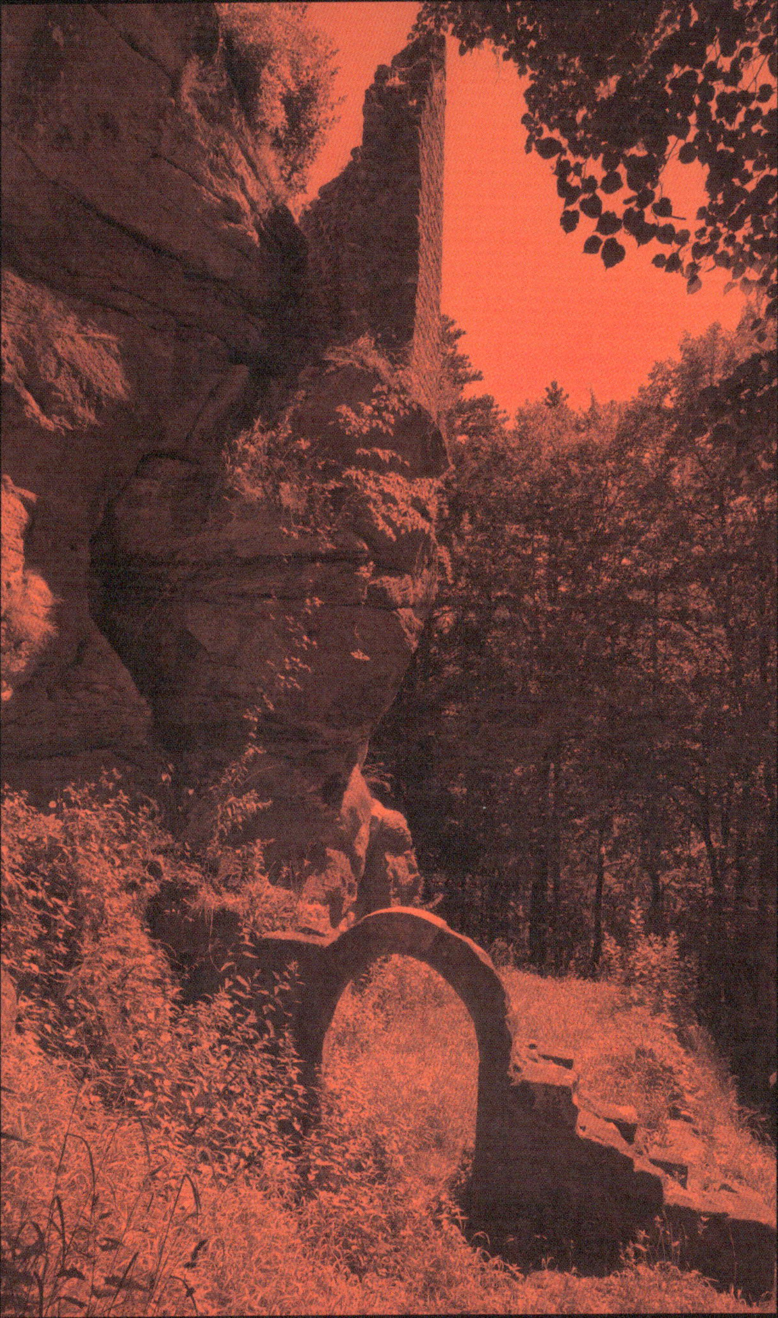

schen den Burgen über das Tal gespannt war, erleichterte ihnen den gegenseitigen Besuch. Als die Brüder eines Tages in Streit gerieten, kehrte der Spangenberger dem Erfensteiner wutentbrannt den Rücken und stampfte über die Brücke auf seine Burg zu. Der Erfensteiner zerschlug in blindem Zorn mit seinem Schwert die ledernen Riemen der Brücke und sein Bruder stürzte in den Tod. Auch in der Realität gehörten die Burgen einst verwandten, aber zerstrittenen Herren, nämlich dem Kurfürsten Friedrich I. von der Pfalz und seinem Vetter, Herzog Ludwig I. von Pfalz-Zweibrücken. 1470 zerstörten sie im Verlauf der Weißenburger Fehde gegenseitig ihre Burgen. Spangenberg wurde später teilrestauriert.

Da die lederne Brücke leider zerstört wurde, folgt ihr nun dem „Drei-Burgen-Rundweg" bergab ins Tal über die Eisenbahnschienen und den Speyerbach. Quert am Parkplatz die Straße und haltet euch Richtung Burgruine Erfenstein. Kopfsteinpflaster führt bergan auf einen Schotterweg. Die Ruine liegt bald dunkel über euch am hohen Hang. Ihr überschreitet einen kleinen Bach und folgt einem schmalen Pfad bergauf. Ein Baum ist umgestürzt, seine Wurzeln haben den Pfad halb mitgerissen. Holz liegt wild verstreut, Felsen sind mit giftgrünem Moos überwuchert. Es bedeckt auch die dunklen Treppen, über die ihr zum Burggelände aufsteigt.

Von **BURG ERFENSTEIN**, die zu den ältesten Burgen im Pfälzerwald gehört, ist nur noch der zehn Meter hohe Bergfried erhalten. Links führt eine Treppe zu einer Aussichtsplattform auf halber Höhe des Turms. Von der Felsnase, umgeben von Tannen und Kiefern, blickt ihr aus 268 Metern Höhe hinüber zur Burg Spangenberg. Unerreichbar hoch über euch liegt die dunkle Eingangstür zum Bergfried. Eckige Aussparungen im roten Stein weisen auf die vergangene Existenz einer Holztreppe hin.

Im historischen Gewölbekeller erzählt ein Bleiglasfenster die Sage von der ledernen Brücke.

Wenn ihr die Ruine erkundet habt, geht ihr hinauf zu den markanten Felsformationen, die 30 Meter westlich liegen. Sie waren der Standort der alten Burg Erfenstein. Der „Drei-Burgen-Rundweg" führt euch direkt am rauen Fels über Treppen hinauf. Inmitten der Felsen bemerkt ihr zwei senkrecht abfallende Wände mit auffälligen Vertiefungen und Steinquadern am Boden. Es sind Spuren des Bergfrieds von **ALT ERFENSTEIN**. Folgt weiter dem schmalen Pfad oberhalb des Rundwegs. An einer Kreuzung gelangt ihr wieder auf den breiteren Rundweg, der euch an einem felsigen Hang in Serpentinen bergab führt. Ein kalter Wind rauscht durch Efeuranken, die hohle Baumstämme eingehüllt haben, und lässt die Schlingpflanzen an den Felsvorsprüngen zittern. Wenn ihr aus dem Wald kommt, führt euch der „Drei-Burgen-Rundweg" an der Talstraße entlang durch dichtes Gestrüpp zurück zum Parkplatz.

… #13

Von der Gruft im Dom zu Speyer zur Rheinhäuser Fahr

Von der Gruft im Dom zu Speyer zur Rheinhäuser Fahr

In der Gruft unter dem Dom zu Speyer besucht ihr die Gebeine der dort bestatteten Kaiser. Dann folgt ihr dem Weg, den ihre Geister einer Sage nach gegangen sein sollen, am urwüchsigen Altrheinufer entlang zur Fähre.

HIN & ZURÜCK
Haltestelle Domplatz;
Parkplatz Festplatz (500 m vom Dom)
- Tagestour
- Rundwanderung
- als Nachtwanderung geeignet
- Länge 12,8 km
- hoch 77 m, runter 84 m

DIE WANDERUNG beginnt am Domplatz in Speyer. Vor euch erhebt sich die Fassade der größten romanischen Kirche der Welt. Ihr betretet die Vorhalle, die den DOM im Westen wie eine Festungsmauer abschirmt, da im Mittelalter die Seite des Sonnenuntergangs als Seite der Dunkelheit und des Bösen galt. Öffnet das schmale, schwere Bronzeportal, das durch die sieben Meter dicke Mauer in das gewaltige Kirchenschiff führt. Folgt dem Mittelgang, bis ihr die Treppe zum Altar erreicht. Unter euren Füßen liegt jetzt die Kaisergruft, denn an dieser Stelle gelangt man vom weltlichen in den sakralen Bereich, tritt also symbolisch vom irdischen ins ewige Leben.

Rechts führt eine weitere Treppe hinunter in die bereits 1041 geweihte KRYPTA, den ältesten Teil des Doms. An der Westseite des schlichten Raums mit sechs minimalistischen Altären bewachen Löwen das Tor zur KAISERGRUFT. Dynastien von Kaisern und Königen sind hier zur letzten Ruhe gebettet. Das Grabdenkmal König Rudolfs von Habsburg empfängt euch. An den Seiten zeigen gotische Reliefs die hier Bestatteten. Steigt still die rechte Treppe hinauf. Der Steinsarkophag Kaiser Heinrichs V. ist dort in die Wand eingelassen. Am Treppenende befinden sich 15 weitere Sarkophage. Die Schlichtheit der Gruft steht für den tiefen Ernst, mit dem Kaiser und Könige in Stellvertretung Gottes regierten. Lasst die Stille der altehrwürdigen Grablege auf euch wirken.

Verlasst dann den Dom durch den südlichen Seiteneingang Richtung Domgarten.

Passiert das Denkmal „Der Ölberg", den Springbrunnen und steigt die Treppe hinunter. Unter mächtigen Platanen, Eichen und Fichten führt euch ein Schotterweg zu der Bronzeplastik **„FÄHRMANN HOL' ÜBER"**. Die Gruppe der unheimlichen, dunklen Bronzefiguren scheint dem Fährmann über den Weg zuzurufen.

Eines Nachts im Oktober 1813, als die Domglocken gerade Mitternacht schlugen, wurde der Fährmann der Husener Fahr von dunkel verhüllten, Ehrfurcht gebietenden Gestalten aus dem Schlaf gerissen. Zitternd vor Angst fuhr er die schattenhaften Wesen in seinem Kahn im dichten Nebel über den nachtschwarzen Fluss. Am nächsten Tag redete er sich ein, es sei nur ein Albtraum gewesen.

Doch vier Nächte später tauchten die Schatten wieder auf. Von der anderen Rheinseite aus riefen sie: „Fährmann, hol' über!" Er tat es und die Verhüllten drückten ihm am Speyerer Ufer etwas in die Hand. Sie nahmen ihre Kapuzen ab und verschwanden in Richtung Dom. Morgens glaubte der Fährmann wieder an einen Traum, bis er die mittelalterlichen Münzen in seiner Faust entdeckte. Darauf waren die Männer abgebildet, die er über den Rhein gefahren hatte. Es waren die alten Kaiser, die aus ihrer Gruft im Dom zu Speyer auferstanden waren, um den deutschen Truppen in der Völkerschlacht bei Leipzig beizustehen.

Die Husener Fahr existiert noch heute unter dem Namen Rheinhäuser Fähre. Sie liegt im Naturhafen Speyer, einer Bucht des Altrheins, die das Ziel dieser Wanderung ist. Biegt nach rechts in den geschotterten „Rhein", passiert das Klettergerüst „Speyerer Spinne", überquert am Ende des Domgartens die Straße und geht vor dem „Historischen Museum der Pfalz" in die Steingasse. Biegt links in die St.-Markus-Straße und folgt an ihrem

> Dynastien von Kaisern und Königen sind hier zur letzten Ruhe gebettet.

ACHTUNG
Beachtet die Öffnungszeiten des Doms und nehmt bitte auf die Tiere am Altrhein Rücksicht.

HINWEIS
Das Betreten der Krypta und der Kaisergräber ist kostenpflichtig.

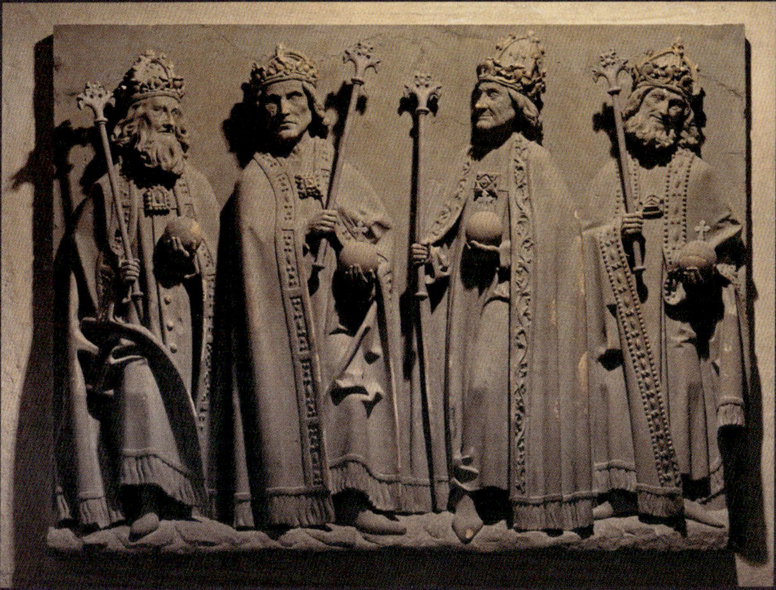

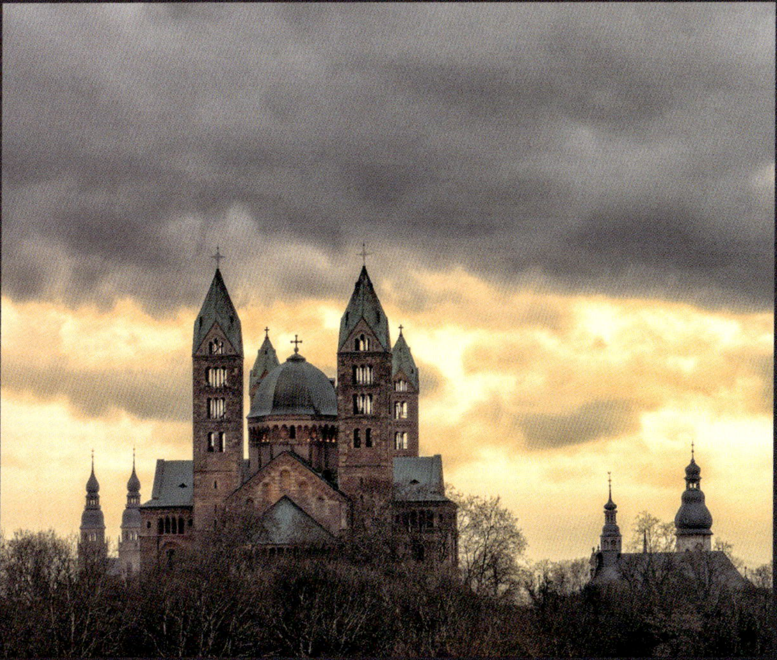

Ende der zweispurigen Lindenstraße nach rechts. Vom Kreisverkehr führt euch die Winterheimer Straße in 325 Metern zum dunklen Russenweiher. Biegt rechts ein und folgt links einem schmalen Pfad am Ufer vorbei an dichtem Schilf. Vielleicht seht ihr den einsamen, schwarzen Schwan.

Biegt nach 80 Metern links in den Schotterweg, der euch zur Rheinhäuser Straße führt, deren Name schon die Fähre ankündigt. Folgt ihr nach links, biegt bald rechts in den Fußgängerweg und folgt nach knapp 60 Metern einem schmalen Pfad am FISCHERGRABEN entlang. Der fast zugewucherte Graben dient der Entwässerung der Südstadt und bringt euch durch dichte Vegetation wieder zur Rheinhäuser Straße. Folgt ihr kurz nach rechts und biegt links in die Alte Rheinhäuser Straße.

Schritt für Schritt wird es grüner. Schon von Weitem zeigen riesige Silberpappeln die Rheinauen an. Felder werden von Hartriegel, Eichen

HINWEIS
Macht diese Tour am besten abends oder an Wochenenden oder Feiertagen, da im Industriegebiet sonst viel Betrieb herrschen könnte.

und Ahorn abgelöst. Bald passiert ihr die **GOLD-GRUBE** – einen sehr alten, geschützten Weiher. Früher wurde dort tatsächlich Gold gewaschen. Haltet euch links und geht vor dem roten Wachhaus den Deich hinauf zum Altrhein.

Die Silberpappeln rauschen im Wind, während ihr auf den sandigen **RHEINSTRAND** geht. Dort liegen Boote auf dem Trockenen, die mit Metallketten an den Stämmen der Silberweiden befestigt sind, die am Ufer einen undurchdringlichen Urwald bilden. Das Wasser ist mit einem giftgrünen Teppich bedeckt. Graue, vertrocknete Algen hängen in Fetzen von Booten und toten Ästen und verleihen der Szene eine gespenstische Atmosphäre. Muscheln knacken unter euren Füßen.

Die vielen Ketten und das Totholz machen das Gehen anstrengend. Ihr könnt auch einen der Trampelpfade durch das Dickicht aus krummen Stämmen wählen. Sie führen auf den erdigen Pfad, der jenseits der Weiden parallel zum Fluss

Das Wasser ist mit einem giftgrünen Teppich bedeckt.

durch den Auwald verläuft. Dort lassen Zitterpappeln ihre Äste tief über eure Köpfe hängen.

Je näher ihr dem Naturhafen Speyer mit der **RHEINHÄUSER FÄHRE** kommt, desto dichter wird das Gestrüpp. Unter den wuchtigen Stämmen der Silberpappeln kämpfen Weißdorn und Hexenkraut mit jungen Bäumen um das spärliche Licht. Hinter dem Naturhafen führt der Weg über einen Parkplatz. Vor euch taucht der Rhein in seinem begradigten Bett auf. Haltet euch rechts und folgt dem Schild „Fähre". Wie hier im Naturhafen muss es 1813 überall ausgesehen haben, da der Rhein noch in riesigen Schlingen über die Ebene mäandrierte und kleine Inseln in grünen Auen bildete. Die Rheinbegradigung begann erst vier Jahre später. Stellt euch vor, hier ganz allein zu schlafen und um Mitternacht von dunklen Gestalten geweckt zu werden.

Geht zum Parkplatz zurück, folgt hinter der Schranke dem asphaltierten Weg einen Kilometer nach rechts und biegt halb links in den Auwaldweg. Durch das Weidendickicht blitzt rechts ab und zu noch der Rhein. Unter den Silberpappeln breiten sich Röhrichtfelder aus. Links von euch liegt dichter, tiefer Wald. Einige Bäume tragen schwarze Fledermauskästen.

Nach einer Weile wandert ihr wieder am Wasser, einem naturbelassenen Seitenarm des Rheins. Baumstämme durchstechen die Wasseroberfläche und bieten Schwänen, Gänsen und Kormoranen Ruheplätze. 1,6 Kilometer weiter führt der Weg über eine Wiese. Von dort seht ihr schon den Dom in der Ferne. Folgt der Stockholmer Straße nach rechts. Nach 300 Metern wird sie hinter einer Linkskurve zur Straße „Am Neuen Rheinhafen" und ihr müsst ein Stück auf dem Randstreifen gehen. Dann führt sie nach rechts am Ölhafen entlang, bis sie hinter einer Kurve zur Geibstraße wird. Vorbei am Technikmuseum und Festplatz bringt sie euch zurück zum Domgarten.

> Unter den wuchtigen Stämmen der Silberpappeln kämpfen Weißdorn und Hexenkraut mit jungen Bäumen um das spärliche Licht.

AUSRÜSTUNG
Tragt bei gutem Wetter besser federnde als feste Schuhe. Die Wege sind nicht besonders uneben, aber oft asphaltiert.

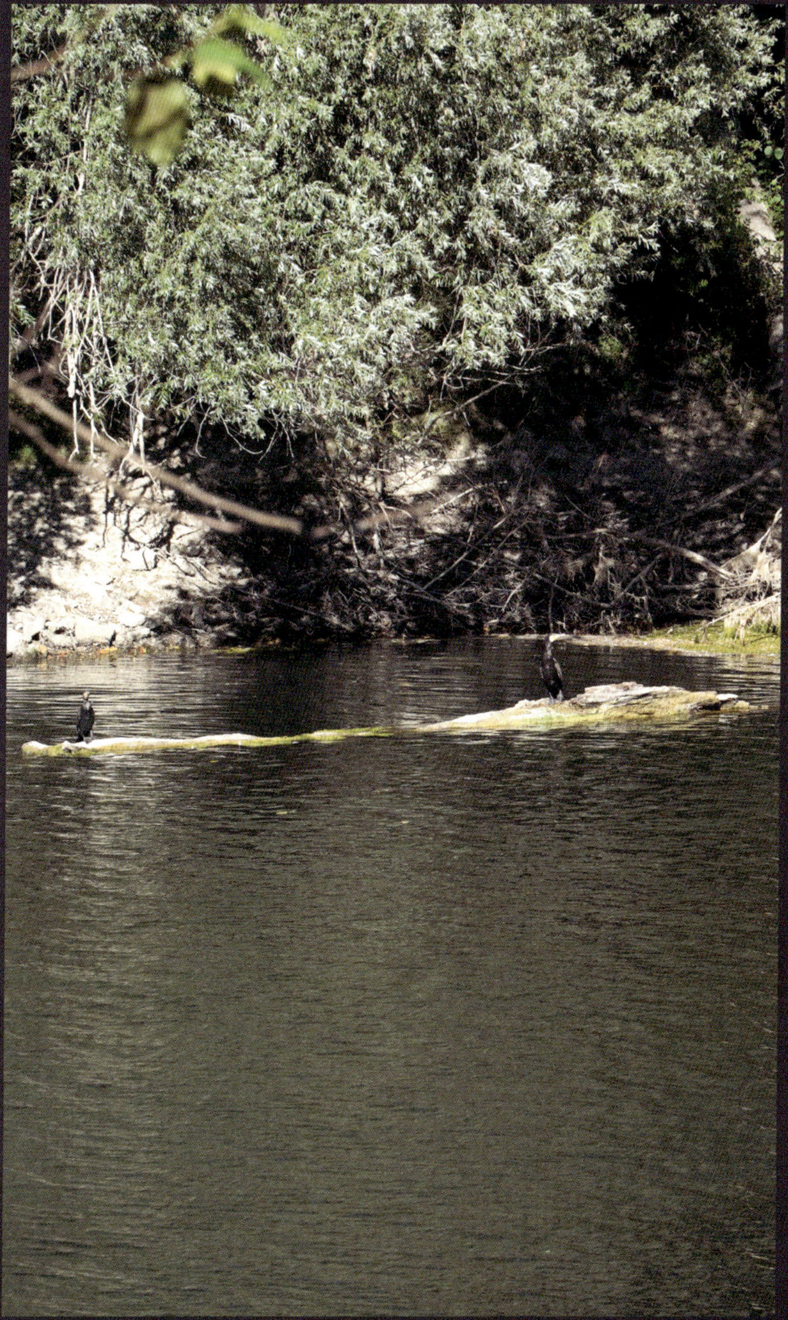

#14

Über den Ludwigsturm zur sagenumwobenen Rietburg

Ein Sessellift trägt euch den Berg hinauf zur Rietburg, von der ein Raubritter ein von ihm verschlepptes Mädchen in den Tod stieß. Ihr wandert auf dem Berggipfel durch raue Natur und erklimmt einen mehr als 100 Jahre alten Turm.

VON DER TALSTATION der Rietburgbahn schwebt ihr im Sessellift ganz nah über die Felsen und Farnfelder am Osthang des Blättersbergs. Wenn ihr die Bergstation erreicht, folgt ihr dem Wegweiser Richtung Ludwigsturm auf den Rietburg-Rundweg und lasst die Burg zunächst links liegen. Ein Schotterweg führt an schroffen Felswänden vorbei, die von Flechten überzogen sind. Links liegt der Hang, doch der dichte Wald versperrt die Sicht. Während ihr wandert, verändert sich die Vegetation immer wieder. Kastanien und Buchen werden von einem Kiefernwald abgelöst, auf dessen kargem Boden zwischen grauem Totholz, unzähligen braunen Nadeln und Zapfen nur etwas Heidekraut und Moos wachsen. Bald entdeckt ihr tiefer im Wald hohen Farn.

Dann führt ein erdiger Weg über dunkle Wurzeln bergauf. Hinter der nächsten Abzweigung liegen Meere von menschengemachten Steinstapeln im wild wachsenden Mischwald. Zersplitterte Bäume stechen wie Speerspitzen in den Himmel. Pilze überwuchern ganze Baumstümpfe. Am Abzweig zum **LUDWIGSTURM** wird der Weg zu einem schmaleren Pfad.

Bald blitzt der Rotsandstein des Turms zwischen den Baumkronen. Schon seit 1889 erhebt er sich hier auf 605 Metern Höhe. Durch den Torbogen gelangt ihr ins Innere und steigt über eine schmale, düstere Wendeltreppe 75 Stufen hinauf. Der Blick reicht vom Hambacher Schloss in

HIN & ZURÜCK
Haltestelle Abzw. Ludwigshöhe, Edenkoben;
Waldparkplatz an der Villastraße Edenkoben
- Halbtagestour
- Rundwanderung
- Länge 6,2 km
- hoch 72 m, runter 296 m

der Haardt über die Rheinebene bis zur Reichsfeste Trifels im Wasgau. Bei optimalen Bedingungen könnt ihr Frankfurt am Main und die Vogesen sehen.

Steigt die Wendeltreppe wieder hinunter, folgt dem Pfad zurück zur Abzweigung und dann weiter dem Rietburg-Rundweg. Das Wegzeichen, die Rietburg auf hellblauem Grund, ist nicht leicht zu finden – es hängt auf der gegenüberliegenden Seite des Wegs an einem toten Baumstamm. Ihr wandert jetzt über einen grasbewachsenen Pfad durch Nadelwald. Die Stämme der Fichten sind grau und strecken kurze, spitze Äste von sich. Bald tauchen Stämme auf, die fast schwarz sind. Vor wenigen Jahren tobte hier ein Waldbrand. Die Natur erholt sich, doch die Spuren der Katastrophe sind auch nach langer Zeit deutlich erkennbar.

Bald stehen Kiefern dicht an dicht. Dazwischen liegen Stämme in riesigen Feldern wilder Heidelbeersträucher. Hinter der nächsten Kurve verändert sich die Landschaft wieder. Am Nordhang des Blätterbergs scheint die Natur grüner zu sein. Fichtenriesen schützen Fichtenzwerge. Dicke, moosüberwucherte Steine und Baumstämme liegen im hohen Gras.

Folgt nach 700 Metern dem blau-gelben Balken des Pfälzerwald-Vereins nach links zur RIETBURG. Zuerst seht ihr einen grauen Turm, der nach dem Bau der Burg im frühen 13. Jahrhundert Teil der mächtigen Schildmauer war. Durch ein Tor gelangt ihr in den Zwinger. Von dort könnt ihr links in die Oberburg zur Höhengaststätte gehen, oder ihr haltet euch rechts und betrachtet die Überreste der Ringmauer in der Unterburg.

Aus 531 Metern blickt ihr weit über die Rheinebene. Von hier oben soll ein Mädchen in den Tod gestürzt sein. Der Sage nach hauste auf der Rietburg ein Raubritter, der Menschen verschleppte und vielen als „wilder Geier mit der

> Doch die Spuren der Katastrophe sind auch nach langer Zeit deutlich erkennbar.

ACHTUNG
Steintürmchen sehen zwar faszinierend aus, doch wer im Wald Steine zusammenträgt, fördert die Bodenerosion und zerstört den Lebensraum vieler Insekten.

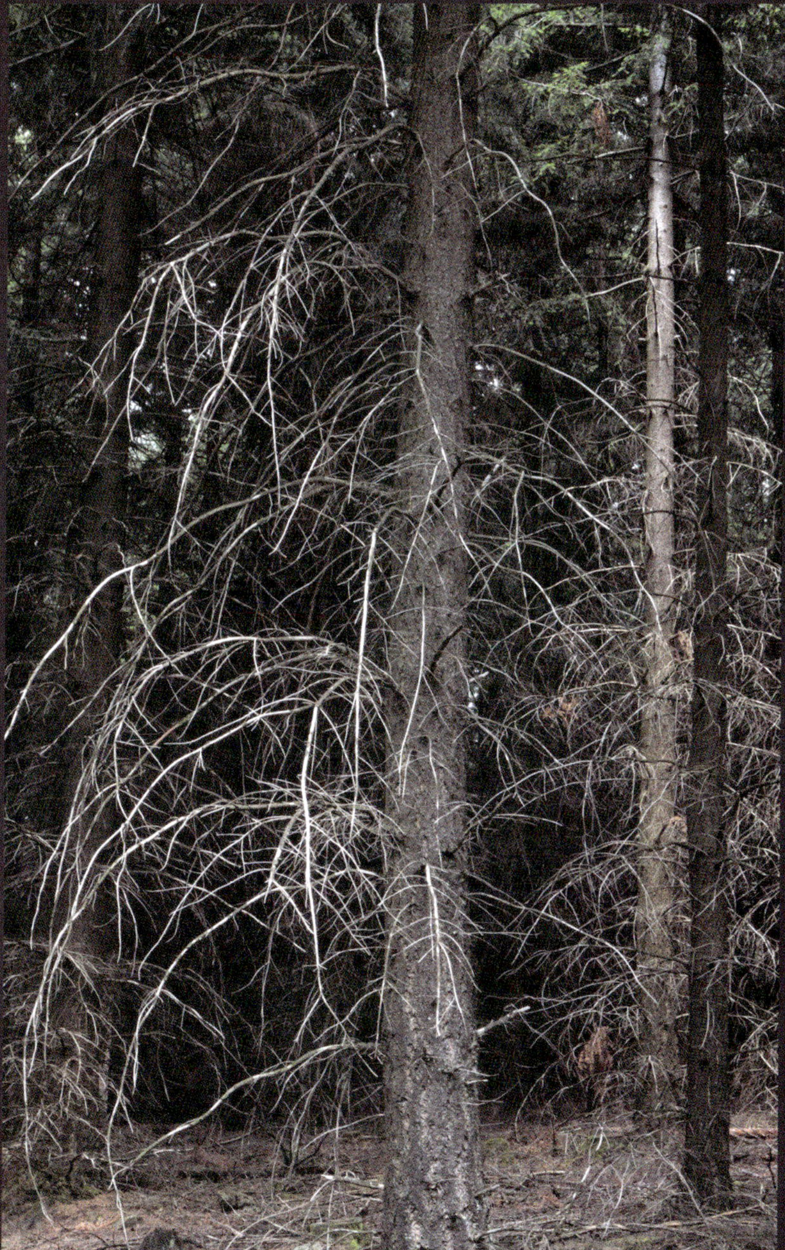

Fratze Satans" bekannt war. Eines Tages raubte er ein junges Mädchen und verlangte ein hohes Lösegeld aus Gold und Erz von dessen Vater. Dieser zahlte und musste dennoch mit ansehen, wie der Räuber seine Tochter von den Zinnen der Burg warf. Als der Raubritter schallend lachte, erstürmten die Getreuen des Vaters die Burg und stießen den Räuber in die Tiefe. Seither muss sein Geist jede Nacht ruhelos auf der Rietburg umgehen.

Auf der Südseite der Burg führt ein steiler, steiniger Pfad durch Brombeeren und Ginster bergab zu einer Treppe. Von ihrem Ende folgt ihr dem Blättersbergweg an der Burgmauer entlang und dahinter im Zickzack den Hang hinunter. Ihr wandert durch dichte Vegetation. Moos und Farn bedecken Felsen wie grünes Fell. Baumstümpfe tragen Kronen aus Efeu. Springkraut und blaue Glockenblumen färben das stachelige Gestrüpp am Weg.

Nach 700 Metern erreicht ihr den „**SCHÖNEN PUNKT**". Ein Schild und ein verwitterter Brunnen kündigen die Nähe des Pavillons an, der hinter Kastanien, Winterlinden und Brombeersträuchern versteckt am Hang liegt. König Ludwig I. von Bayern gab ihm seinen Namen. Von 1952 bis kurz vor seinem Tod im Jahr 1966 verbrachte der ehemalige Herrscher jeden zweiten Sommer in seiner Villa Ludwigshöhe am Fuß des Blättersbergs. Vom „Schönen Punkt" aus blickte er mit Vorliebe über die Ebene.

Der Blättersbergweg windet sich durch wilden Wald weiter bergab. Bald durchwandert ihr einen Hain aus hohen Büschen, die sich bei genauerer Betrachtung als junge Kastanienbäume offenbaren. Sterbende, alte Kastanien wurden hier entfernt, sodass durch die Samen der gesunden Bäume ein neuer Wald wachsen kann. Der Weg führt euch von dort durch dichtes Unterholz und schließlich über die Trasse des Sessellifts. Nach 200 Metern erreicht ihr wieder die Talstation der Rietburgbahn.

> Moos und Farn bedecken Felsen wie grünes Fell.

HINWEIS
Die Rietburgbahn geht zwischen November und März in Winterpause. Folgt zu dieser Zeit dem Blättersbergweg von der Talstation hinauf zur Rietburg. Informationen zur Bergbahn findet ihr unter www.rietburgbahn-edenkoben.de.

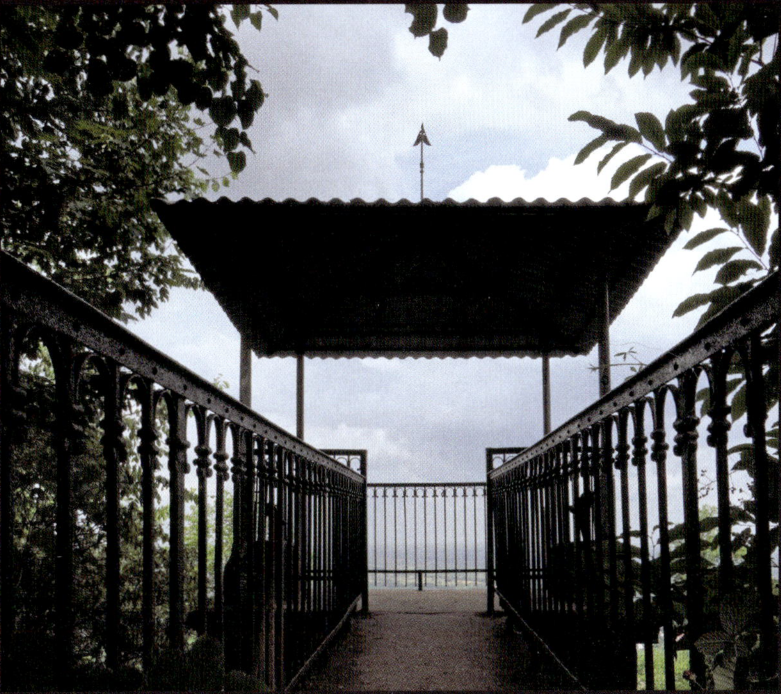

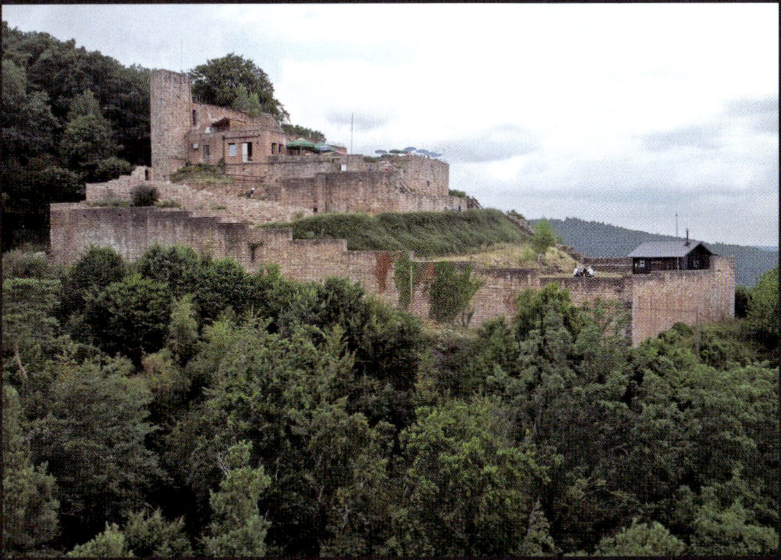

#15

Von den Sühnekreuzen zu den Teufelsfelsen

Von drei verwitterten Sühnekreuzen, die an eine blutige Schlacht gemahnen, steigt ihr auf den Teufelsberg. Ihr durchwandert finstere Felsformationen, deren Dämonen durch ein Kreuz gebannt werden sollen.

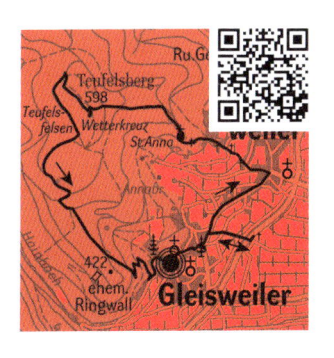

HIN & ZURÜCK
Haltestelle Gleisweiler Mitte;
Parkplatz Weinstraße 3,
Gleisweiler
• Halbtagestour
• Rundwanderung
• Länge 7,5 km
• hoch 375 m, runter 375 m

DIE WANDERUNG beginnt beim Feuerwehrhaus an der Weinstraße Gleisweiler. Geht nach Norden und haltet euch Richtung Burrweiler. Biegt vor dem Friedhof rechts ab und folgt der asphaltierten Straße durch die Reben. Wenn ihr die L 519 quert, stehen links drei dunkle, verwitterte Steinkreuze halb versunken in einer Wiese. Sie sollen die Überreste von zehn SÜHNEKREUZEN sein, die hier nach einer blutigen Auseinandersetzung, der sogenannten „Seselschlacht", im Jahr 1468 als Mahnung aufgestellt wurden.

Damals sollen Männer aus den Ortschaften Burrweiler und Gleisweiler mit Flemlingern und Roschbachern um Weiderechte gestritten haben. Es heißt, der Streit sei eskaliert und die Männer seien mit sichelförmigen Rebmessern, den Seseln, wutentbrannt aufeinander losgegangen. Am Ende des sinnlosen Gemetzels habe es kaum Überlebende gegeben. Heute ist auf einem der zerbrochenen Kreuze noch ein eingemeißelter Sesel zu erahnen.

Geht zurück über die Landstraße und folgt nach 200 Metern dem Wiesenweg rechts durch die Reben. Biegt hinter dem ersten Haus von Burrweiler links ab. Rechts führt euch die Straße „Im Staufert" zur Weinstraße, die euch wieder nach rechts 300 Meter durch den Ort leitet. Wein kriecht an Mauern und Häusern empor und windet sich um Rebbogen über euren Köpfen. Wenn euch alte STEINGESICHTER von einer Mauer aus an-

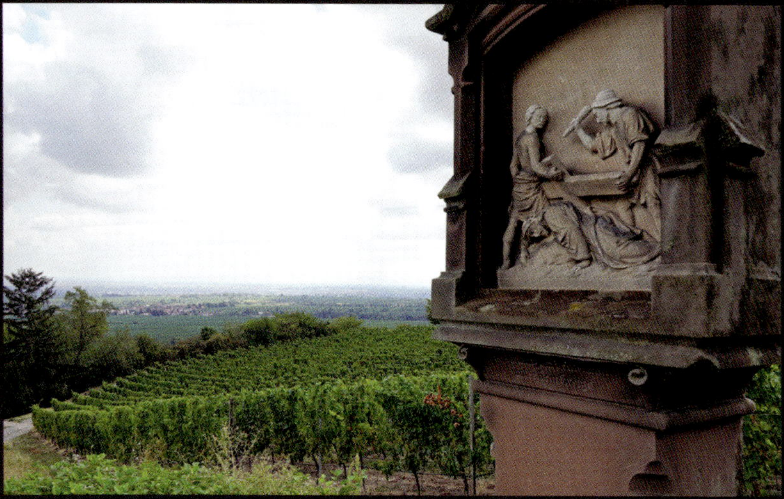

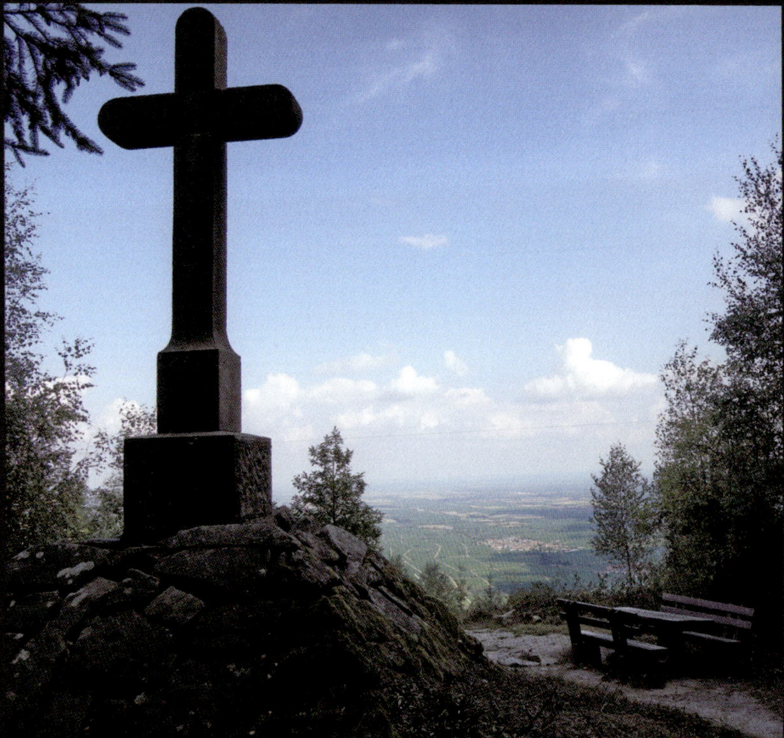

> Je höher ihr kommt, desto anstrengender wird der Weg. Der Teufel macht es euch nicht leicht.

starren, biegt ihr in die St.-Anna-Straße. Bald liegt links die dritte Station des Kreuzwegs, der an der Kirche Mariä Heimsuchung in der Weinstraße beginnt. An der nächsten Gabelung befindet sich der Burrweiler Alexanderplatz. Ein Holzschild weist den Weg zur St. Anna Kapelle und der Anstieg auf den Teufelsberg beginnt.

Die Stationen des **KREUZWEGS** leiten euch 700 Meter über etliche Stufen geradeaus. Ab Station Elf steigt ihr einen schmalen Lehmpfad durch den Wald hinauf. Efeu schlängelt sich um Bäume, die unzählige krumme oder miteinander verschlungene Stämme haben. Gewaltige Wurzeln von Kiefern und Kastanien züngeln aus dem Hang und brechen als Stolperfallen aus dem Pfad.

Schließlich kämpft ihr euch eine teuflisch lange Treppe hinauf zur **ST. ANNA KAPELLE**, der ein gigantisches Kruzifix gegenübersteht. Hinter dem neugotischen Gotteshaus bietet sich ein Blick über das gesamte Rheintal. Geht rechts an der St. Anna Hütte vorbei und folgt dem mittleren Weg Richtung Wetterkreuz. Biegt nach 200 Metern links in einen Pfad, der bald zu einer Art Hohlweg wird. Massen von zerborstenen Stämmen und dunklen, vertrockneten Ästen türmen sich überall auf. Spinnen haben ihre Netze gewoben. Giftgrüne Pilze sitzen an abgestorbenen Stümpfen. Je höher ihr kommt, desto anstrengender wird der Weg. Der Teufel macht es euch nicht leicht.

Nach 400 Metern taucht an einer Lichtung ein Hochsitz auf. Nicht nur von ihm droht den Tieren hier Gefahr, denn in der Luft kreisen Jäger mit spitzen Schnäbeln und scharfen Krallen. Der Weg wird immer steiler und führt unter hohen Nadelbäumen an gräulich-grünen Felskolossen entlang. Schließlich erreicht ihr das graue **WETTERKREUZ**, das auf 597 Metern hoch über der Rheinebene aufragt. 1909 wurde es eigens durch den Speyerer Bischof geweiht, weil die Region immer wieder durch Unwetter verwüstet wurde. Der Bannspruch „Sehet das Kreuz des Herrn! Fliehet ihr feindlichen Kräfte!" soll böse Geister vertreiben. Doch diese verstecken sich nur wenige Meter entfernt.

Geht vom Kreuz ein paar Schritte zurück und folgt einem versteckten Pfad nach links. Gut 300 Meter weit wandert ihr nun flankiert von den mächtigen **TEUFELSFELSEN**. Die massigen Steinblöcke scheinen einen Schutzwall gegen den Bischofsbann zu bilden. Monströse Felsen mit unzähligen dunklen Schichten schützen den Pfad wie eine Festung. Ein Felssplitter taucht wie eine Haiflosse aus dem Waldboden auf. Den kleinen runden Löchern im Gestein solltet ihr euch nur vorsichtig nähern, denn dort könnten Schlangen oder böse Geister Unterschlupf gefunden haben.

Hinter den Felsen öffnet sich ein lichtes Birkenwäldchen. Gräser schaukeln sanft im Wind. Plötzlich ändert sich die Landschaft wieder. Ein dunkler Nadelwald umgibt euch. Zwischen spitzen Steinen steigt ihr vorsichtig bergab.

Wenn der holprige Pfad auf einem ebenen, breiten Weg endet, haltet ihr euch links. Die sandige, weiche Bahn ist eine Erholung nach den Felsen und Wurzeln der letzten Kilometer. Folgt nach 800 Metern dem roten Reh bergab. Ein Waldweg führt euch zum **TRIFELSBLICK**. Von dort blickt ihr nicht nur auf die Reichsburg Trifels, sondern auch auf die Felsenburg Lindelbrunn und Münz, wie die Burg Scharfenberg volkstümlich genannt wird.

Wandert den breiten Weg unter einem Blätterdach weiter bergab und biegt kurz darauf scharf rechts in einen Pfad. Dann führt euch die Pfälzer Hüttentour kurz bergab, bis ihr euch rechts Richtung Gleisweiler haltet. Am Ende des Pfades folgt ihr der Lindenallee in den Ort. Biegt vor der St. Stephanus Kirche rechts in die Hauptstraße und hinter der Gemeindeverwaltung am Reitschulplatz rechts in die Weinstraße. So erreicht ihr wieder den Startpunkt.

Ein Felssplitter taucht wie eine Haiflosse aus dem Waldboden auf.

EINKEHR
Die Wanderung führt zu den bewirteten Hütten St. Anna und Trifelsblick, beide sind aber nur an Wochenenden und Feiertagen geöffnet. Informiert euch unter www.pwv-burrweiler.de und www.pwv-gleisweiler.de

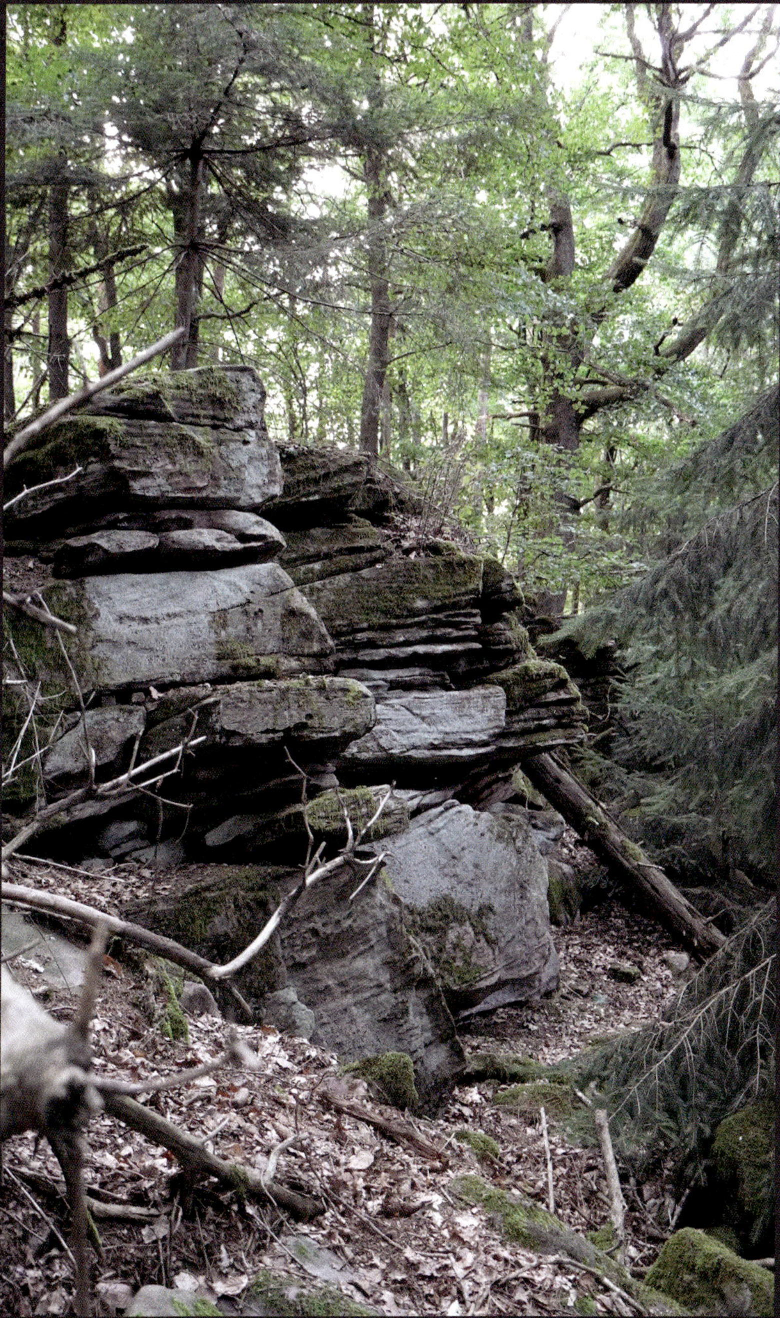

#16

Teufelstisch, Teufelsküche und Teufelsschmiede

Teufelstisch, Teufelsküche und Teufelsschmiede

Im mystischen Pfälzerwald erwarten euch fünf Furcht einflößende Felsformationen. Satan selbst soll sie erbaut haben. Eine Sage erzählt von seinem Mord an einem Mann aus Hinterweidenthal.

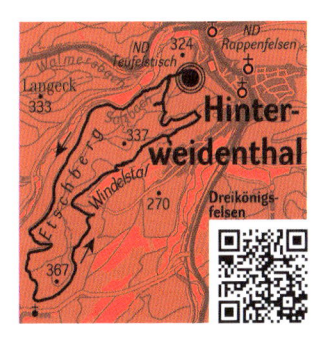

HIN & ZURÜCK
Bahnhof Hinterweidenthal mit kostenlosem Parkplatz (1 km entfernt); kostenpflichtiger Parkplatz Erlebnispark
- Tagestour
- Rundwanderung
- Länge 9,5 km
- hoch 262 m, runter 262 m

VOM PARKPLATZ aus seht ihr bereits den sagenhaften **TEUFELSTISCH**, dessen dunkle Platte oberhalb des Landgasthofs die Bäume überragt. Am nordöstlichen Ende der Parkfläche führt eine Treppe bergauf zu einem Schotterweg. Folgt zunächst der Teufelstisch-Tour nach links. Keine 200 Meter weiter passiert ihr schon den ersten roten Sandsteinfelsen, der wie eine offene Wunde im Wald klafft. Dann steigt ihr Holztreppen nach links hinauf. Die Stufen sind schief, die Tritthöhe wechselt ständig. Will der Teufel, dass ihr stürzt, bevor ihr an seinem Tisch sitzen könnt?

Abrupt öffnet sich der Blick auf den 14 Meter hohen und 284 Tonnen schweren Felsentisch. Die Tischplatte bildet ein dunkler Fels von 50 Quadratmetern, der aus unzähligen Schichten zu bestehen scheint. Statt Blumen steht auf dem Tisch des Teufels eine Kiefer. Der Sage nach suchte der Teufel eines Nachts einen Rastplatz im Wald bei Hinterweidenthal. Seine Suche blieb allerdings erfolglos und er wurde wütend. Er riss zwei riesige Felsen in die Höhe, stapelte sie zu einem Tisch, fraß und stampfte davon. Als die Hinterweidenthaler die Felsen am nächsten Morgen erblickten, packte sie das Grauen. Ihnen war klar, dass nur der Teufel diesen Tisch gebaut haben konnte. Einer aber lachte die anderen aus und ging in der nächsten Nacht zum Tisch, um zu beweisen, dass der Teufel nicht existiert. Um Mitternacht zog ein Sturm auf, der einen furchtbaren

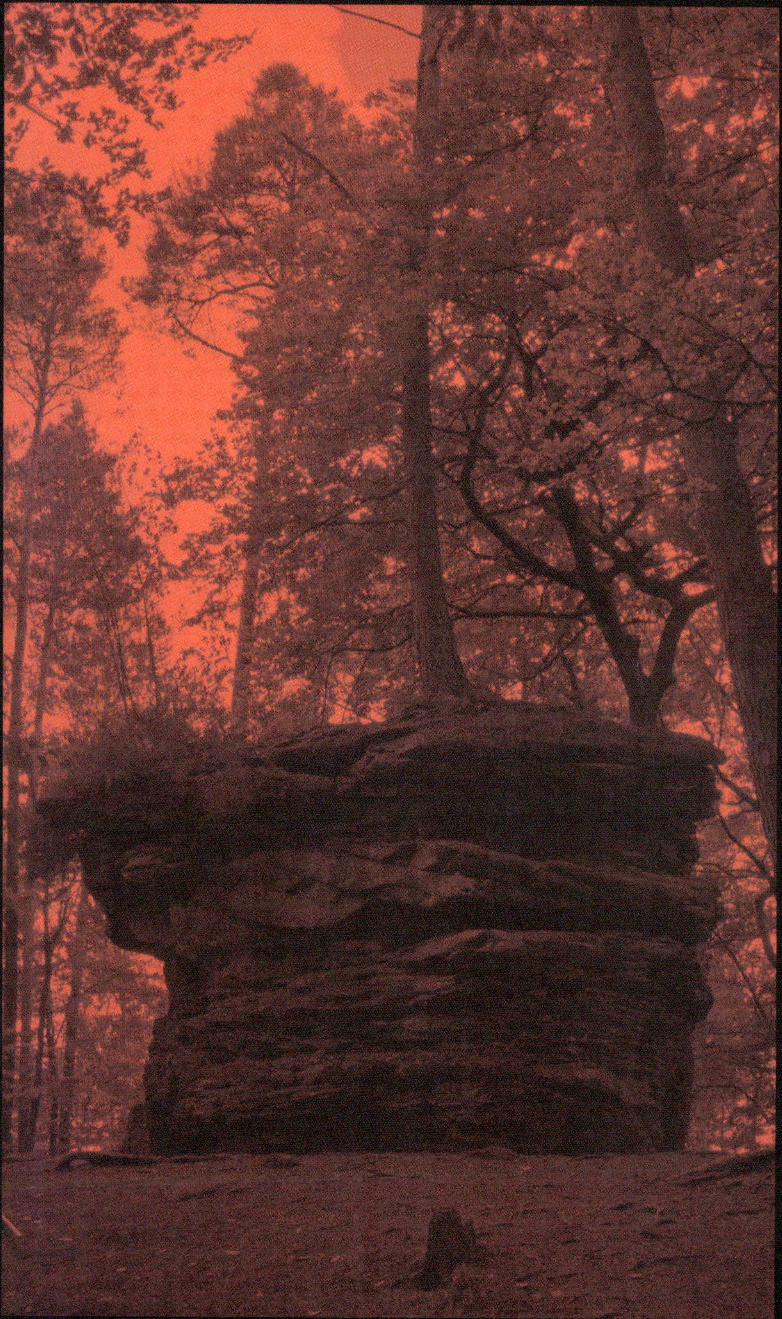

Teufelstisch, Teufelsküche und Teufelsschmiede 109

> Er riss zwei riesige Felsen in die Höhe, stapelte sie zu einem Tisch, fraß und stampfte davon.

Todesschrei ins Dorf hinunterwehte. Der Zweifler wurde nie mehr gesehen.

Folgt schließlich der Teufelstisch-Tour vorbei an dunklen Felsen und knorrigen Wurzeln. Im dichten Wald müsst ihr euch immer wieder ducken. Nach 600 Metern steigt ihr rechts steil bergauf und hinter der Kuppe wieder steil bergab. Dann erscheint vor euch auf einer Anhöhe ein zerklüftetes Felsgebilde: die **TEUFELSKÜCHE**. Ihre bizarren roten und grauen Schichten stapeln sich zu einem Koloss mit flachem Dach, der mit Moos und Flechten überzogen ist. Auch auf ihm wächst eine Kiefer. Im Umkreis bemerkt ihr Baumskelette mit verdrehten Ästen, die aussehen, als seien sie im Todeskampf erstarrt. Lasst den unheimlichen Ort auf euch wirken, bevor ihr zurück über den Hügel geht und die Teufelstisch-Tour weiterwandert.

Baumstämme sind mit zottigem, grünem Pelz bedeckt. Äste hängen schwer und traurig über dem steinigen Weg. Nach 300 Metern erreicht ihr einen ambossförmigen Steingiganten: die **TEUFELSSCHMIEDE**. Die braunen und roten Sandsteinschichten sind von Flechten befleckt, die Schmiedefläche mit Moos bedeckt. Wenn ihr euch hinter der Schmiede rechts haltet, stellt ihr fest, dass hier offensichtlich unzählige Bäume gefällt wurden. Vielleicht als Feuerholz für die Teufelsschmiede?

Hinter der nächsten Kurve liegt links ein sonderbarer Steingarten hinter einer verrotteten Holzbank. Dieser unheilvolle Ort wird **SEELENFRIEDHOF** genannt. Etwas hat hier eine Schneise in den Wald geschlagen, die jetzt von Farn eingenommen wird und rechts einen Blick auf dicht bewaldete Berge erlaubt.

TIPP
Kostenloser Erlebnispark Teufelstisch mit Rutsche, Abenteuer- und Wasserspielplatz, Labyrinth und Picknickplätzen.

Geht nun nicht geradeaus auf den Wiesenweg, sondern folgt dem erdigen Weg in den Wald. Moos färbt Boden und Baumstümpfe giftgrün und hängt in Fetzen von schiefen Stämmen. Ihr wandert zwischen beeindruckenden Felsformationen unter riesigen Fichten und Kiefern. Mitten im Wald taucht plötzlich ein hölzerner **THRON** auf. Wer darauf Platz nimmt, wird es bereuen, denn die Sitzfläche ist mit Spitzen gespickt.

Geht lieber weiter zum Rastplatz „Schöne Aussicht", wo ihr von einer Bank unter einer großen Kiefer den Blick auf die ungewöhnlichen Formationen Heufels und Dreikönigsfelsen genießen könnt. Der markante Berg im Hintergrund heißt Hochberg, links liegt der große Schweinspieß, rechts der kleine und große Hellenberg. Ein Stück weiter warten bequeme Liegebänke, die einen ähnlichen Blick bieten.

Dann führt euch eine Leitplanke aus Moos im Zickzack an einem Abhang entlang, der neben euch schroff abfällt. Eine Weile durchwandert ihr das Windelstal, doch schon bald geht es wieder bergauf. Neben dem breiten Schotterweg offenbart ein Baum euch sein Innerstes und es scheint, als hätte ihm jemand das Herz herausgerissen. Bald erfüllt das Krächzen von Krähen, die wohl zwischen den dunklen Schichten der riesigen Felsen hausen, die Luft.

Wenn das Schild „Schwammbornquelle 0,4 km" auftaucht, folgt ihr ihm nicht bergab, sondern geht weiter geradeaus und verlasst die Teufelstisch-Tour. Ein breiter Waldweg führt oberhalb des Tals entlang. Nach einem Kilometer entlässt euch der Weg wieder auf die Teufelstisch-Tour und ihr wandert neben riesigen, rötlichen Felsstrukturen mit Blick auf dicht bewaldete Berge.

Wenn es wieder bergab geht, strömt der Salzbach durch sein breites Bett. Bäume, die an seinem Ufer stehen, lassen ihre Wurzeln im Wasser treiben. Die Vegetation ist dicht und grün. Brennnesseln, Farn, Springkraut, Hahnenfuß und wilde Himbeeren kämpfen um die Herrschaft über den Weg. Die letzten 400 Meter führt euch ein erdiger, verwurzelter Pfad erst bergauf und dann bergab zurück zum Parkplatz.

> Es scheint, als hätte ihm jemand das Herz herausgerissen.

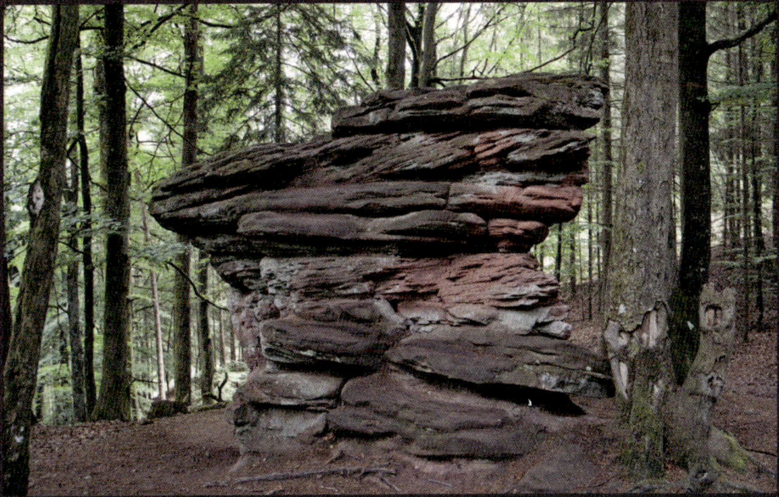

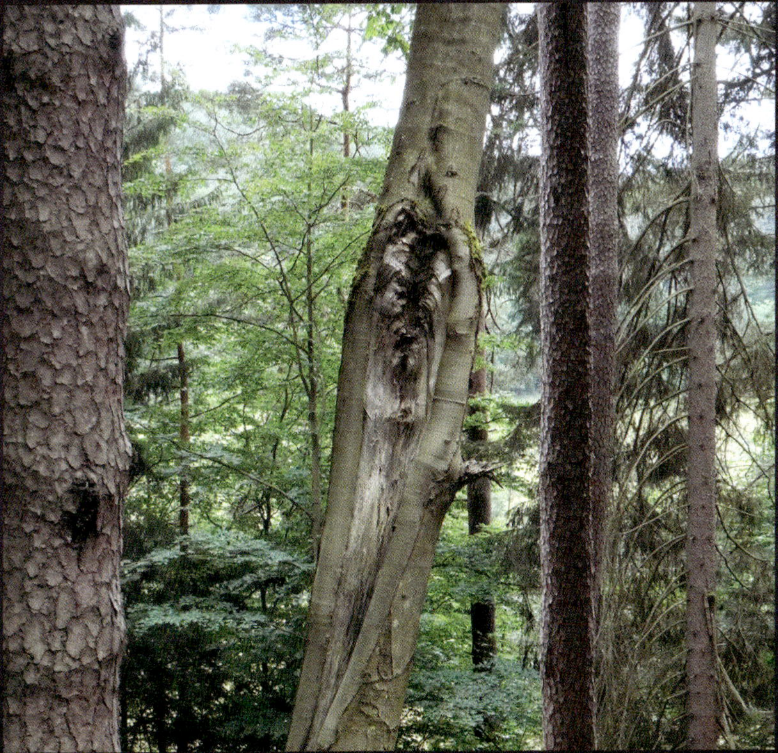

#17

Von den Altschlossfelsen zum Diana-Relief

Im Stüdenbachtal fühlt ihr euch, als würdet ihr eine Urzeitlandschaft durchwandern. Ein alter Schmugglerpfad führt zu einem römischen Relief. Die mächtigen Altschlossfelsen glühen im Sonnenuntergang feuerrot.

HIN & ZURÜCK
Bushaltestelle Ortsmitte
Eppenbrunn (1,4 km entfernt)
• Halbtagestour
• Rundwanderung
• Länge 11,5 km
• hoch 270 m, runter 270 m

VOM PARKPLATZ am SPIESSWEIHER im Stüdenbachtal folgt ihr dem Wegweiser „Altschlossfelsen 8,3 km" auf den Grenzweg. Der Wald spiegelt sich im dunklen Wasser des kleinen Weihers. Äste greifen heraus, als würden sie um Rettung flehen. Doch ihr wandert unbeirrt weiter zwischen riesigen Kiefern, mächtigen Eichen und hageren Birken bis zum größeren Sägeweiher. Ein Schotterweg führt zwischen seinem Ufer und einem hohen Hang entlang. Bald wird der Weiher von einem Moor und einem Meer aus Brennnesseln abgelöst.

Vor dem dritten Weiher folgt ihr dem Grenzweg nach rechts. Hinter einem grauen Holzsteg bedecken Wasserpflanzen den trüben WOOG, an dessen Ufer Wollgras im Wind weht. Als Woog, vom Mittelhochdeutschen wāc, bezeichnet man in Teilen Südwestdeutschlands einen kleinen See oder eine tiefe Stelle in einem Fluss. Dahinter folgt ihr dem Grenzweg wieder nach rechts. Er führt nun gut zwei Kilometer weiter durch das Moorgebiet. Weiher und Feuchtwiesen, Farn und Fingerhut erinnern an eine Landschaft aus der Urzeit.

Dann führt der Weg bergauf in den Wald. Wenn unter riesigen Tannen und Fichten spindeldürre Buchen mit zerfetzten Blättern ein undurchdringliches Gestrüpp bilden, ist die GRENZE zu Frankreich nah. Von eurem Weg nicht erkennbar, beginnt sie direkt hinter der Zollstock-Hütte. Doch ihr folgt vor der Hütte dem Grenzweg bergauf, wo dunkle Wurzeln aus dem Hang brechen. Bald tauchen links über euch uralte Grenzsteine auf. Kurz darauf stehen sie auch rechts von euch. Ohne es zu bemerken, habt ihr nun doch die Grenzlinie nach Frankreich überschritten.

Der ehemalige **SCHMUGGLERPFAD** führt jetzt steil bergauf, über einen Bergkamm von bis zu 420 Höhenmetern. Immer wieder wandert ihr vom Elsass in die Pfalz und zurück. Löchrige Felskolosse begleiten euch durch wilde Vegetation. Plötzlich weisen Warnschilder auf Lebensgefahr hin: Ihr geht unmittelbar an einem französischen Truppenübungsplatz entlang. Oft knallen Schüsse und manchmal sind Soldaten zu sehen. Verlasst also auf keinen Fall den Grenzweg.

Durch einen Spalt zwischen Felsen führt der erdige Pfad bald bergab. Kiefernzapfen und Fichtennadeln knacken bei jedem Schritt, Pilze wachsen an Baumstümpfen mit scharfen Spitzen. Ihr

Löchrige Felskolosse begleiten euch durch wilde Vegetation. Plötzlich weisen Warnschilder auf Lebensgefahr hin.

passiert die „Buchbrunnen Source" (Buchbrunnenquelle) und werdet vom Plätschern des Bachs durch ein verwunschenes Waldstück begleitet. Unter hohen Fichten sind Waldboden und vermodernde Baumstümpfe mit Moos und wilden Heidelbeersträuchern bedeckt. Ihr durchquert eine Schlucht und schlängelt euch auf dem schmalen Pfad über eine grüne Ebene.

Dann ragen rechts, hoch über euch, mächtige Felskolosse auf: die ersten Ausläufer der **ALTSCHLOSSFELSEN**. Ihr umrundet sie, folgt dem Grenzweg bergab, quert die alte Römerstraße aus rotem Sandstein und folgt dem Wegweiser „Dianabild" auf einen Hohlweg. Der Hang über euch ist von Fichten bewachsen und Mauersteine weisen auf eine alte Zivilisation hin. Aufgrund der Nähe zu einer Wegteilung wird vermutet, dass sich hier ein römischer Kontrollposten befand. Ein Weg führt steil hinauf zu einem gigantischen Felsen, auf dem blaugraue Flechten schimmern. Das **DIANA-RELIEF** befindet sich an einer glatten Stelle im Fels, die wohl entstanden ist, als vor 2.000 Jahren römische Legionäre Steine für die nahegelegene Straße abschlugen.

Drei verwitterte Figuren sind zu erkennen: In der Mitte die Jagdgöttin Diana mit Pfeil und Bogen, rechts neben ihr Silvanus, Gott des Waldes, links der Kriegsgott Mars. Es ist denkbar, dass die Legionäre mit diesem Relief Diana und Silvanus für reiche Jagdbeute dankten. Vielleicht fügten sie Mars hinzu, weil sie die Region ihrem Reich einverleiben und die Bevölkerung unterjochen konnten. Möglicherweise wollten sie die Götter auch für die Zukunft gnädig stimmen.

Geht knapp 800 Meter zurück und folgt dem Grenzweg links bergauf Richtung „Altschlossfelsen" und „Spießweiher" zu der größten Felsformation der Pfalz. Über Wurzeln und unzählige Kiefernnadeln steigt ihr steil bergauf zu den bis zu 30 Meter hohen Felstürmen. Der Pfad führt unmittelbar am rauen, rötlichen Gestein entlang. Auf dem GIPFELPLATEAU steht eine Bank, von der ihr gleichzeitig die Vogesen und den Pfälzerwald sehen könnt. 1,5 Kilometer weit bewandert ihr nun die Altschlossfelsen. Zunächst auf einem breiten, erdigen Weg über ihren Gipfel, durch Heidekraut und Heidelbeeren mit Blick auf Frankreich und Deutschland.

Dort oben erreicht ihr nach 200 Metern zwei Picknicktische an einem weiteren Aussichtspunkt. Dann führt der Weg bergab, vorbei an rotbraunen Felsriesen, deren zerklüftete Schichten durch Moos und Flechten dunkel- und hellgrün schimmern. Unter den Vorsprüngen, wo die Wände vor der Witterung geschützt waren, leuchten sie dunkelrot oder glimmern in Tönen von beige über gold bis grün. An manchen Stellen sind die Altschlossfelsen von Rissen durchzogen, die ihr durchklettern könnt.

Kleinere Felsen stehen dunkel am Hang oder formen leuchtend rote, bizarre Steinpilze. Durch das Kreischen von Raben wirkt die Atmosphäre zwischen den drohenden Felsen im Dunkel des scheinbar endlosen Blätterdachs beklemmend. Schließlich durchschreitet ihr das mächtige, blutrote FELSENTOR und erreicht 300 Meter weiter eine Öffnung, durch die ihr zu der Stelle gelangt, wo die untergehende Sonne die Felsen zum Glühen bringt. Funde aus der Eisenzeit belegen, dass die Altschlossfelsen Menschen schon vor fast 3.000 Jahren fasziniert haben. Am nördlichen Ende des Felsenriffs finden sich zudem Spuren einer mittelalterlichen Burg. Die mächtigen, blutroten Felsentürme boten nicht nur Schutz, sondern wirkten auch bedrohlich auf Feinde.

Steigt über den Grenzweg von den Altschlossfelsen ab und folgt ihm durch den Wald, bis ihr nach 1,6 Kilometern wieder den Parkplatz am Spießweiher erreicht.

> **Kleinere Felsen stehen dunkel am Hang oder formen leuchtend rote, bizarre Steinpilze.**

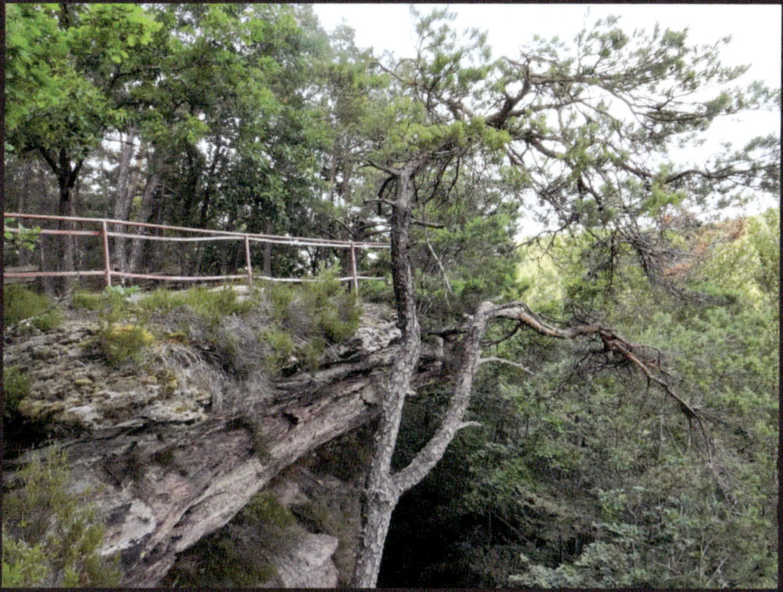

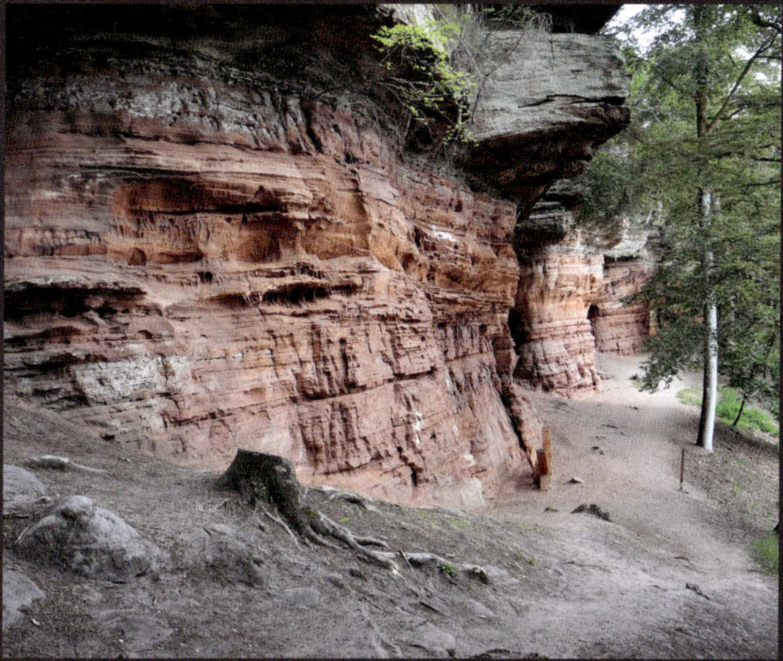

18

Zur Ruine Drachenfels
und Burg Berwartstein

Zur Ruine Drachenfels und Burg Berwartstein 119

Zwischen den bizarren Felsformationen des Dahner Felsenlandes wandert ihr zu geheimnisvollen Kammern auf dem Heidenberg, erklettert die rote Ruine der Burg Drachenfels und besichtigt die Burg Berwartstein.

VOM PARKPLATZ unterhalb der Burg Berwartstein haltet ihr euch Richtung „Burgruine Klein-Frankreich" und folgt an der ersten Abzweigung dem Gespenst auf blauem Grund auf den „Felsenland Sagenweg" Richtung Nothweiler. Vom Wiesenweg aus seht ihr bereits die Türme der Burg aus dem Blätterdach ragen. Am Ortsrand von Erlenbach führt das Gespenst euch zwischen hohen, verwurzelten Hängen in den Wald. Bald wandert ihr durch dunkle Fichten und fleckige Buchen.

Wenn nach 2,5 Kilometern der **HEIDENBERG** auftaucht, aus dessen dichter Bewaldung eine mächtige Felsnadel hervorsticht, biegt ihr nach rechts auf den Rundwanderweg „RWW 4 Busenberg" ab und folgt kurz darauf dem „RWW 2" halblinks. An der nächsten Abzweigung lasst ihr euch von einem namenlosen Pfad steil bergauf leiten. Bald erreicht ihr den Fuß des Felsriffs, genannt Heidenpfeiler, und folgt dem „RWW 3" im Zickzack nach links steil hinauf. Ein Schild warnt vor Sturzgefahr beim Anstieg auf die 60 Meter hohe, ungesicherte Nadel. Falls ihr der Gefahr trotzt, klettert ihr über zerklüftetes Gestein, bis ihr über die Berge des Wasgaus und Berwartstein blickt.

Folgt dann dem „RWW 3" vorbei an bizarren Felskolossen des mystischen **DAHNER FELSENLANDES**. Nach 300 Metern erreicht ihr den Buchkammerfels und könnt auch dieses schroffe Felsriff auf ei-

HIN & ZURÜCK
Bushaltestelle Berwartstein/ Seehof;
kostenfreier Parkplatz an der K 50 unterhalb der Burg Berwartstein, Erlenbach bei Dahn
• Tagestour
• Rundwanderung
• Länge 12 km
• hoch 403 m, runter 403 m

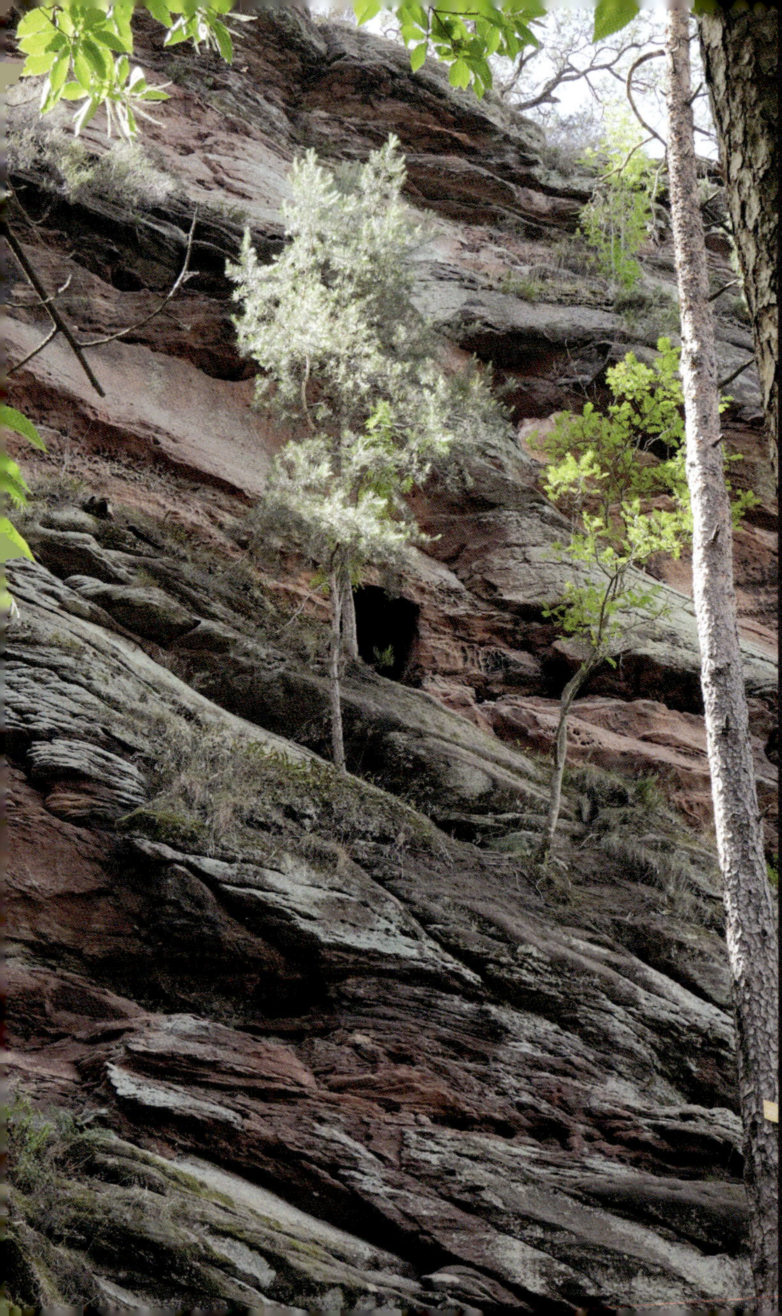

Zur Ruine Drachenfels und Burg Berwartstein

gene Gefahr erklettern. Oder ihr folgt sofort dem „RWW3" an seinen rauen Flanken bergab. Bald bemerkt ihr acht Meter über euch eine schwarze Öffnung im zerfurchten Fels. Sie ist der Zugang zu vier ins Gestein geschlagenen KAMMERN, deren Ursprung bis heute ungeklärt ist.

Verlasst nun den „RWW 3" und folgt einem schmalen Zickzackpfad den steilen Hang hinunter. Wenn ihr auf einen breiteren Wanderweg stoßt, geht ihr Richtung DRACHENFELSHÜTTE, die ihr nach einem Kilometer erreicht. Lasst sie links liegen, um geradeaus zur Ruine hinaufzulaufen und diese am unteren Torturm im Osten zu betreten.

Über die Gründung der BURG DRACHENFELS ist nichts bekannt, doch sie wurde im Jahr 1335 während einer Fehde stark beschädigt. Der Wiederaufbau war so teuer, dass Teile der Burg verkauft werden mussten. Ausgerechnet dies führte 1523 zu ihrer endgültigen Zerstörung. Da der rebellische Ritter Franz von Sickingen Anteile am Drachenfels besaß, wurde die Burg nach dessen Tod im Kampf gegen die Heere dreier Reichsfürsten geschleift.

Die blutrote Burg liegt bei 368 Höhenmetern auf zwei 150 Meter langen Sandsteinriffen, die aus unzähligen roten, grauen und weißen Schichten bestehen. Ihr könnt die verlassenen Gänge von Drachenfels erkunden. Der höchste Teil des Felsens wurde zum Bergfried ausgebaut. Der Aufstieg über verwinkelte Treppen und Leitern wird mit einem grandiosen Ausblick belohnt. In einer alten Zisterne staut sich algengrünes Wasser. Im Westen der Ruine findet ihr einen Drachen, der in die Ostmauer des Hauptgebäudes geritzt wurde. Hier befand sich der Rittersaal derer von Drachenfels, wo früher rauschende Feste gefeiert wurden. Zwischen den traurigen verfallenden Mauern ist heute davon nichts mehr zu ahnen.

Verlasst die Ruine im Westen, umrundet sie und folgt an der Drachenfelshütte dem „Felsenland Sagenweg" Richtung Erlenbach. Nach 500

> Bald bemerkt ihr acht Meter über euch eine schwarze Öffnung im zerfurchten Fels.

EINKEHR
Ihr passiert die Drachenfelshütte, die mittwochs, samstags und sonntags von 11 bis 18 Uhr geöffnet ist.

Metern könnt ihr rechts einen Abstecher zum düsteren Felsen HEIDENTURM machen. Nach weiteren 2,4 Kilometern führt euch das Gespenst auf blauem Grund durch den Ort. Dann steigt ihr einen Hang hinauf und passiert das Grab Theodor von Baginskis, der die Ruine der BURG BERWARTSTEIN Ende des 19. Jahrhunderts kaufte und wiederaufbauen ließ.

Auch diese Raubritterburg thront auf einem roten Felskoloss, in den Korridore und Räume wie die Waffen- und Folterkammer geschlagen wurden. Rittersaal und Wohnräume liegen in der gemauerten Oberburg. Durch den Garten kommt ihr zu einem mehr als 50 Meter hohen Kamin, der einst der einzige Eingang zur Burg gewesen sein soll. Schließlich durchquert ihr die finsteren Katakomben unter Berwartstein.

Vielleicht begegnet ihr hier in der Dunkelheit der weißen Frau, die nach einer Sage der Geist einer ehemaligen Burgherrin ist. Es heißt, Berwartstein sei zu ihrer Zeit von einem feindlichen Heer erobert worden, das alle Burgbewohner niedergemetzelt habe. Nur die Burgherrin habe sich mit ihrem Säugling versteckt. Als die Eroberer die Burg in Brand setzten, sei ihr keine andere Wahl geblieben, als sich mit dem Kind in die Flammen zu stürzen.

Um eine reale Eroberung von Berwartstein zu verhindern, ließ Ritter Hans von Trotha 1484 einen Geschützturm am gegenüberliegenden Berghang erbauen. Die Anlagen sollen mit einem 370 Meter langen Tunnel verbunden gewesen sein. Das Kreuzfeuer zwischen dem Wehrturm, der im Volksmund „KLEIN-FRANKREICH" heißt, und den Kanonentürmen von Berwartstein machte die Burg uneinnehmbar. Das Tal dazwischen nennt man nicht ohne Grund bis heute „Leichenfeld". „Klein-Frankreich" ist vom Parkplatz ausgeschildert und ihr könnt ihn zum Abschluss der Wanderung besichtigen.

> Zwischen den traurigen verfallenden Mauern ist heute davon nichts mehr zu ahnen.

TIPP
Der restaurierte Berwartstein bietet eine Burgschänke mit Felsenterrasse und Rittersaal, Rittermahle, Burgbesichtigungen und -führungen sowie Übernachtungen.

TIPP
Nahe Berwartstein liegt ein Badesee mit Kiosk.

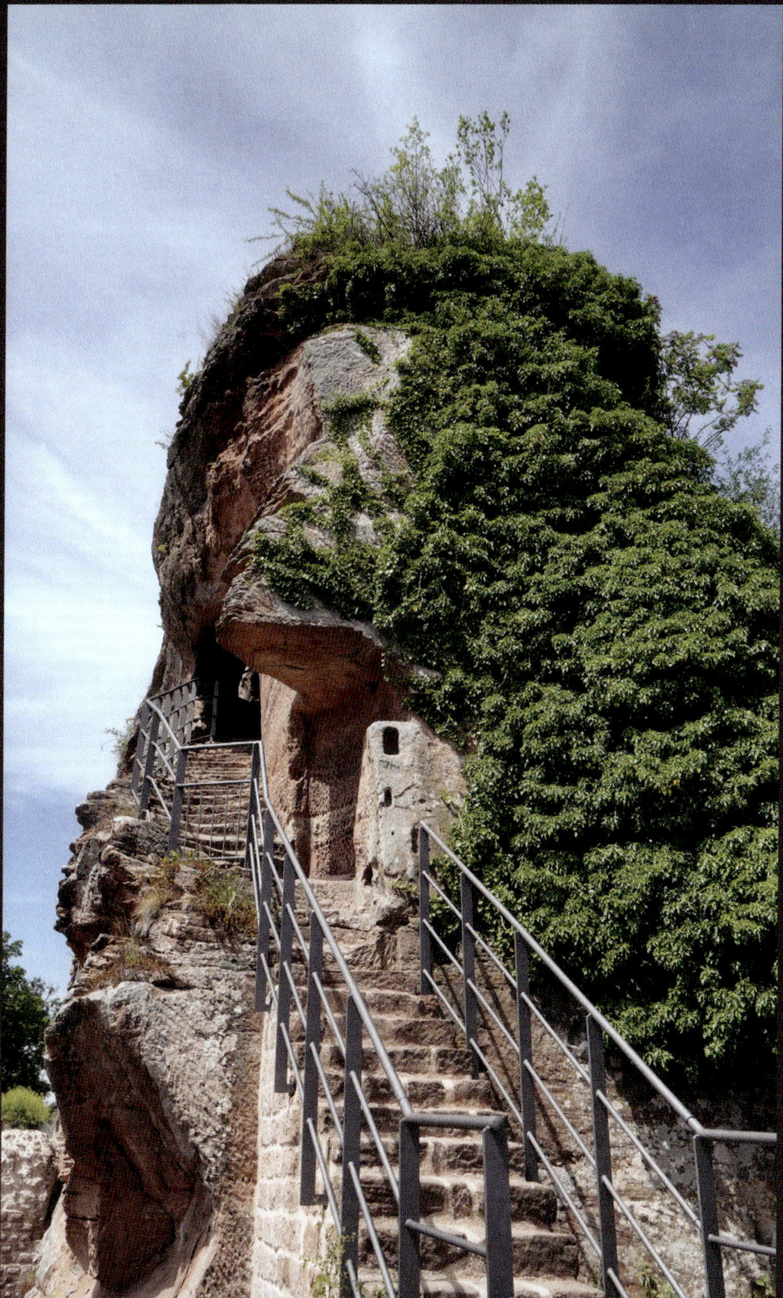

Der Weg windet sich um den Berg und zieht den Kreis immer enger. Wasser tropft über graues Gestein.

#19

Durch das Felsenmeer
um die Ruine Lindelbrunn

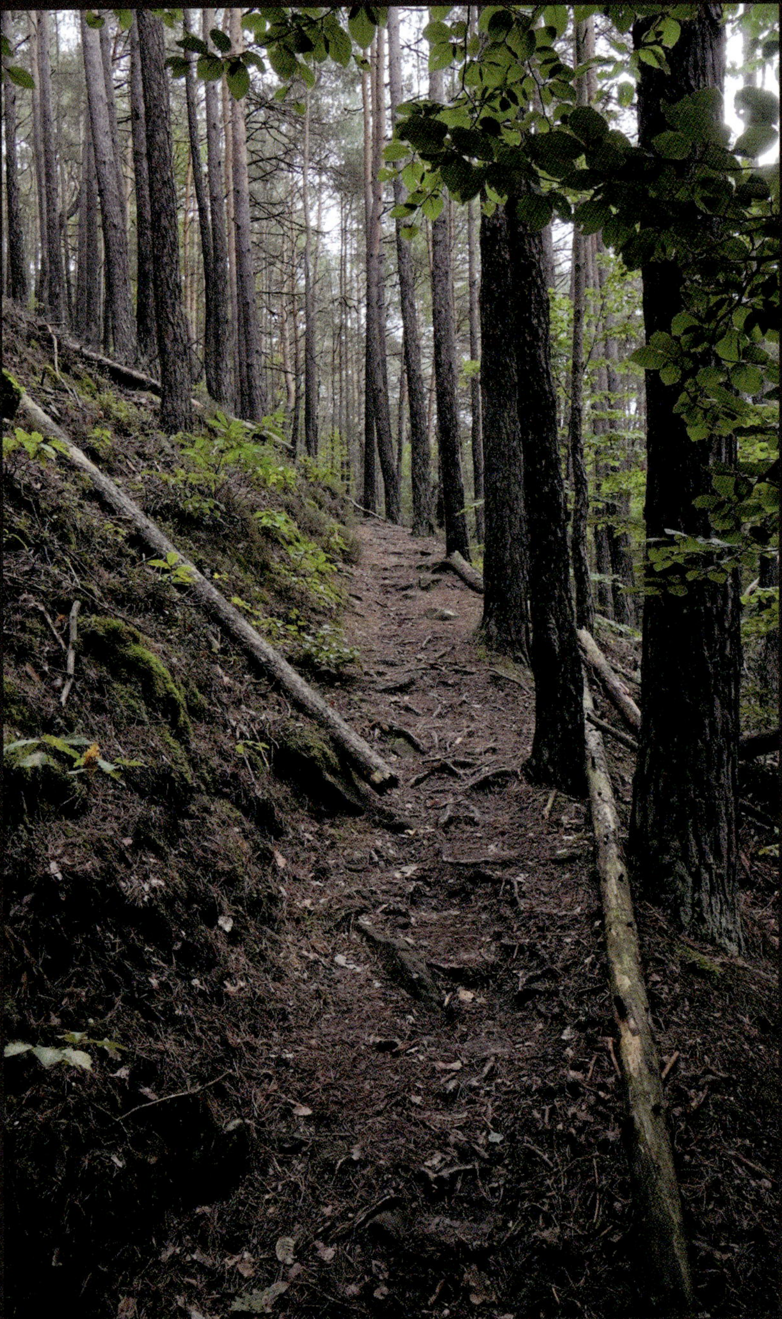

Durch das Felsenmeer um die Ruine Lindelbrunn   127

Von der Ruine der Burg Lindelbrunn, um die sich eine grausame Sage rankt, wandert ihr durch ein Meer von bizarren Felsformationen und gigantischen Felsenriffen.

HIN & ZURÜCK
Bushaltestelle Lindelbrunnstraße Vorderweidenthal (2,6 km entfernt);
Wanderparkplatz nähe Cramerhaus, Lindelbrunn, Vorderweidenthal
- Tagestour
- Rundwanderung
- Länge 15,2 km
- hoch 550 m, runter 550 m

DIE WANDERUNG beginnt am Parkplatz unterhalb der BURG LINDELBRUNN. Der Weg windet sich um den Berg und zieht den Kreis immer enger. Wasser tropft über graues Gestein, das mit silbrig-grünen Flechten, Efeu und Moos bedeckt ist. Bald taucht das rote Gemäuer des Palas über euch auf. Da Lindelbrunn auf einem rauen Felsriff erbaut wurde, konnte man auf eine Ringmauer verzichten. Die blutroten Flanken des uneinnehmbaren Felsens scheinen aus riesigen Waben zu bestehen. Fast erwartet ihr, dass Hornissen daraus hervorbrechen, um euch zu attackieren.

Eine rote Rampe führt durch die verlorenen Tore in die Kernburg. Hinter der quadratischen Kapelle im Osten befindet sich eine Felsenkammer, die vermutlich ein Wachzimmer war. Der Palas liegt im Südwesten. Aus dem Nordostwinkel der Anlage blickt ihr auf die Reichsfeste Trifels, zu deren Schutz Lindelbrunn erbaut wurde.

Wenn ihr die Burg verlasst, folgt ihr 300 Meter hinter dem roten Riff einem schmalen Pfad direkt am Hang entlang. Ihr zwängt euch durch stachelige Schlehen bis ihr den Aussichtspunkt „Nasenfels" erreicht. Fern im Südwesten könnt ihr den Hohlohturm erahnen und nah am Fuß des Berges seht ihr das FORSTHAUS. Der Name Lindelbrunn soll auf eine große Linde zurückgehen, die einst am Burgbrunnen stand. Eine graue Frau soll sie dort gepflanzt haben. Es heißt, sie habe dem Burgherrn versprochen, dass solange

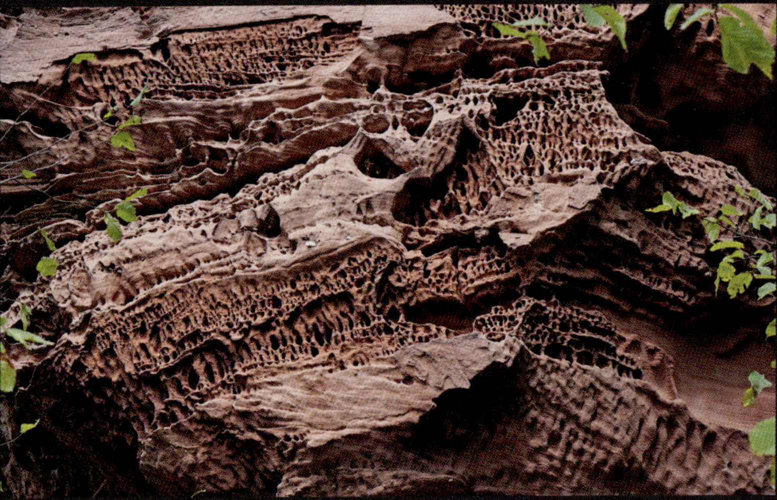

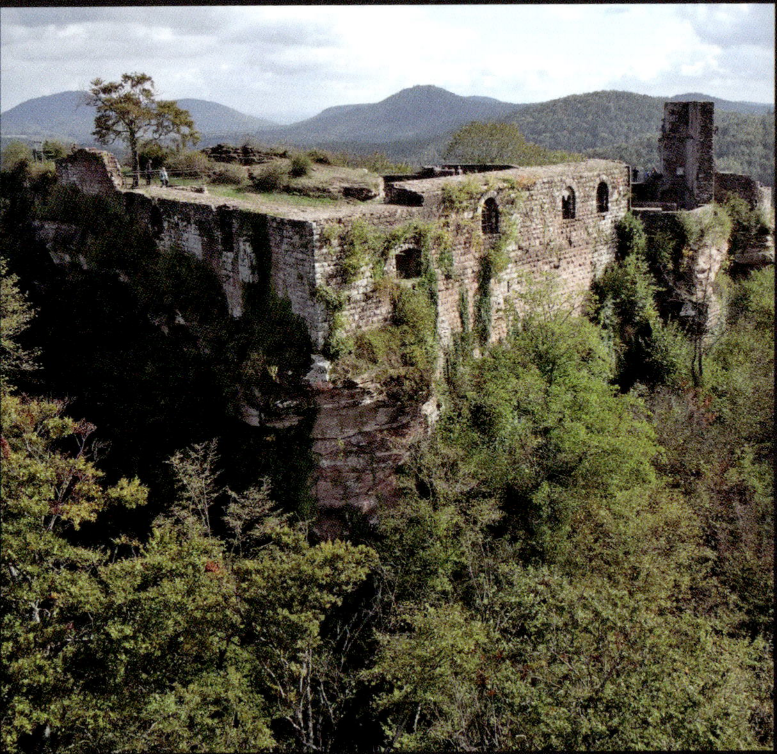

> Die blutroten Flanken des uneinnehmbaren Felsens scheinen aus riesigen Waben zu bestehen.

HINWEIS
Der Rötzenfels ist während der Brutzeit der Wanderfalken (zwischen März und April) gesperrt.

die Linde blühe, sein Adelsgeschlecht gedeihen werde. Eines Tages erschien die graue Frau mit Rothkopf, dem verstoßenen Bruder des Burgherrn. Sie wollte die Brüder versöhnen. Doch der Burgherr drohte, beide an der Linde aufzuknüpfen, wenn sie nicht sofort das Weite suchten. Da riss die Frau einen Zweig von der Linde und rammte einen Spinnrocken in den Stamm. Sogleich stürzte der Baum in den Brunnen. Mit Getöse brach im selben Moment die Burg zusammen. Sie begrub den Burgherrn unter sich. Rothkopf wollte seinen Bruder retten, doch dieser war verschwunden. Die graue Frau pflanzte den Lindenzweig am Fuß des Berges ein. Aus den Steinen der Burg baute der Rothkopf auf ihr Geheiß dort ein Forsthaus, in dem seine Familie glücklich lebte.

Geht den windenden Weg um die Burg zurück und dann zum Forsthaus am Ortseingang. Vor dem Gebäude aus rotbraunem Sandstein rauschen tatsächlich riesige Linden. Folgt vom Parkplatz dem Wegweiser Richtung Dimbach. Wenn ein Weg kreuzt, haltet ihr euch Richtung „Wilgartswiesen/Annweiler Bf.". Ginster und junge Buchen ragen beunruhigend nah an euch heran.

Ab der Schutzhütte Gossersweiler-Stein folgt ihr für 5,8 Kilometer dem Dimbacher Buntsandstein-Höhenweg. Die Wandermarke mit den stilisierten roten Bergrücken auf weißem Grund leitet euch zunächst zum 55 Meter hohen **RÖTZENFELS**. Ein schmaler Pfad führt am giftgrünen Hang hinauf zu dem 250 Millionen Jahre alten, roten Sandsteinriff.

Von oben blickt ihr auf die Ruine Lindelbrunn und, wenn ihr auf eigene Gefahr weiterklettert, auf den sagenumwobenen Trifels, wo Richard Löwenherz ein Jahr lang gefangen gehalten wurde. Folgt weiter dem Höhenweg über große Felsenpilze. Bucklige Eichen neigen sich tief über eure Köpfe. Nach 700 Metern erreicht ihr die ISSELMANNSTEINE, eine lange Reihe dunkler Felsen. Mal meint man, darin einen Stapel fauliger Pancakes zu erkennen, mal ein zottiges Monstrum oder ein mit Seetang bedecktes U-Boot.

Dahinter führt ein schmaler Pfad bergab zu einem ebenen Waldweg. Schnell erreicht ihr eine majestätische Felsnadel, den Dimbergpfeiler. Ihr wandert dicht an den Felsformationen entlang. Vom spektakulären Falkenfelsen geht es bergab. Ihr kreuzt einen Wanderparkplatz, folgt der Hauptstraße nach links, durchquert Dimbach und verlasst den Ort am Friedhof.

An der ersten Abzweigung folgt ihr vorübergehend dem grünen Dreieck, bis links über euch ein weiterer Felsgigant, der HOCKERSTEIN, emporragt. Das blaue R des Rimbach-Steigs leitet euch 300 Meter zu ihm hinauf. Umrundet den Koloss auf einem verwurzelten Pfad durch dunklen Wald. Haltet euch an einem Stahlseil fest, schiebt euch auf eigene Gefahr vorsichtig am rauen Fels entlang und steigt über eine tiefe Spalte. So erreicht ihr das Gipfelkreuz auf 362 Metern Höhe.

Geht von dort weiter bergauf, bis euch nach 300 Metern ein Zuweg wieder auf den Buntsandstein-Höhenweg bringt. Ein schmaler, abenteuerlicher Pfad führt über den Grat, vorbei an bizarren Felstürmen, auf denen Schlingpflanzen und Farn wuchern. Manche Felsen haben die Form eines Amboss, andere die einer Sanduhr. Ein riesiger Pilz bildet an einem abgebrochenen Baumstamm eine wunderschöne Totenblume.

Folgt ab dem Schild „Dreiländereck" wieder dem blauen R Richtung Aussichtspunkt Immersberg. Von dort könnt ihr noch einmal hinüber zur Burg Lindelbrunn blicken. Dann folgt ihr dem Rimbachsteig weiter, haltet euch nach 600 Metern Richtung Lindelbrunn und wandert 1,3 Kilometer zum Parkplatz zurück.

Ein riesiger Pilz bildet an einem abgebrochenen Baumstamm eine wunderschöne Totenblume.

ACHTUNG
Die Pfade sind oft schmal, man kann an einigen Stellen auf eigene Gefahr Felsen erklettern, Wanderschuhe und Trittsicherheit sind unerlässlich.

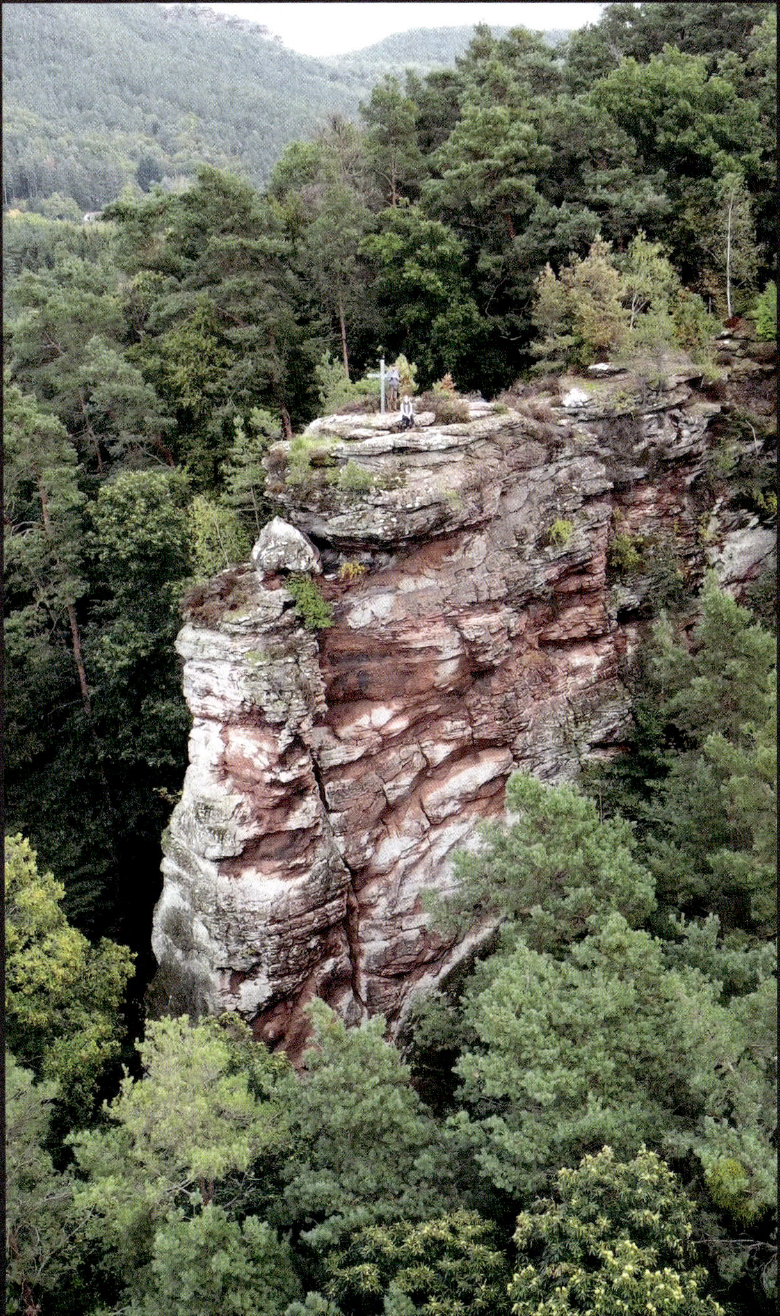

#20

Die Schmugglerrunde
in Leimersheim

… Die Schmugglerrunde in Leimersheim

Ihr wandert auf den blutigen Spuren der Schmuggler von Leimersheim von den urwüchsigen Ufern des Altrheins zum Sühnekreuz auf dem Friedhof und zum Gefängnis, in dem fünf der Schmuggler festgehalten wurden.

HIN & ZURÜCK
Haltestelle Festplatz;
Parkplatz nahe der Hugo-Dörrler-Halle Leimersheim
- Halbtagestour
- Rundwanderung
- als Nachtwanderung geeignet
- Länge 8,1 km
- hoch 31 m, runter 31 m

DIE WANDERUNG beginnt eine Stunde vor Sonnenuntergang am Parkplatz nahe der Hugo-Dörrler-Halle. Haltet euch Richtung Süden und quert das dunkle Wasser des Fischmal auf der Brücke. Nach 200 Metern folgt ihr dem Weg nach rechts am Deich entlang. Dahinter schmarotzen unzählige Misteln an rauschenden Silberpappeln und aasen Pilze an zersplitterten Eichenstämmen. Von hier könnt ihr fast zwei Kilometer weit zu dem dunklen Schlund blicken, mit dem der Wald euren Weg verschlingt. Ihr wandert nicht hinein, sondern steigt kurz vor dem Wachhaus über den Deich und geht auf dem dahinterliegenden Wall in die entgegengesetzte Richtung weiter. Ein riesiges Baumkrebsgeschwür, das an ein Gesicht unter dunklen Locken erinnert, weist euch den Weg.

Bald steigt ihr vom Deich und geht auf dem rechten Schotterweg weiter. Unter Silberweiden wuchern giftige Brennnesseln, stachlige Brombeeren und der gemeine Schneeball. Immer wieder tauchen mit Algen bedeckte Tümpel auf, die bald zu einem länglichen Weiher werden, der einst eine Schlinge des Altrheins war. Totholz türmt sich an seinen urwüchsigen Ufern und treibt auf seiner düsteren Oberfläche.

Nach einigen Hundert Metern öffnet sich rechts ein Durchgang zu einer kleinen Bucht. Das Wasser füllt einen flachen, **HALB VERSUNKENEN KAHN** wie ein schwarzer Spiegel, in dem sich eine knorrige Silberweide betrachtet. Unter einer tiefhängenden Eiche könnt ihr euch auf einem toten Baumstamm niederlassen und euch vorstellen, dass der Kahn in der verhängnisvollen Nacht vom 14. auf den 15. November 1811 von den Schmugglern von Leimersheim zurückgelassen wurde.

Damals war die Pfalz unter französischer Besatzung, der Rhein bildete die Grenze zu Deutschland. Wer ein Boot besaß, betrieb Schmuggel, den Frankreich unter schwere Strafe gestellt hatte. In Leimersheim hatten zwölf junge Fischer eine geheime Schmugglervereinigung gegründet. In der tragischen Novembernacht wurden sie von französischen Zöllnern auf frischer Tat ertappt. Es kam zu einer Schießerei, bei der ein Zöllner getötet und zwei schwer verletzt wurden. Aus Reue stifteten die Schmuggler ein Sühnekreuz, in dessen Sockel sie ihre Namen eingravieren ließen.

Der Verdacht fiel bald auf fünf Männer, die erst am Vormittag des 15. Novembers nach Hause gekommen waren. Sie wurden verhaftet. Nach sieben Tagen im Leimersheimer Gefängnis gestand einer die Existenz der Schmugglervereinigung, nannte aber keine Namen. Doch eine betrogene Ehefrau gab den Franzosen einen Hinweis auf das Sühnekreuz mit der Gravur. Die Schmuggler wurden gefangengenommen, mit einem Seil zusammengebunden und unter großer Anteilnahme der Dorfgemeinschaft zu Fuß 90 Kilometer ins Gefängnis nach Straßburg geschleppt. Dort kamen zwei ums Leben, bevor der mutmaßliche Anführer am 20. Oktober 1812 wegen Mordes durch die Guillotine hingerichtet wurde. Die übrigen neun wurden zu langjährigen Kettenstrafen verurteilt.

Um zum Schmugglerkreuz zu wandern, folgt ihr dem Weg weiter und passiert die Schutzhütte des Pfälzerwald-Vereins gegenüber der **RHEINFÄHRE**. Da der Rhein 1811 noch anders verlief, könnte an ihrer Stelle die Wachhütte der französischen Zöllner gestanden haben. Die L 549 begleitet euch 200 Meter, bis ein Weg nach links in den Wald und 600

> Geisterhafte graue Äste ragen aus dem trüben Wasser.

TIPP
An der unteren Hauptstraße 42 befindet sich das Heimatmuseum. Dort könnt ihr mehr über die Schmuggler von Leimersheim erfahren. Das Museum öffnet auf Anfrage.

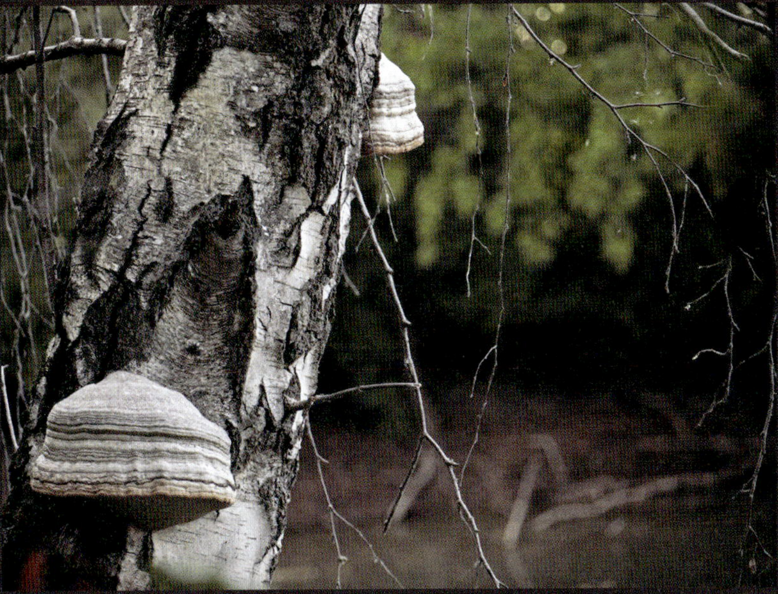

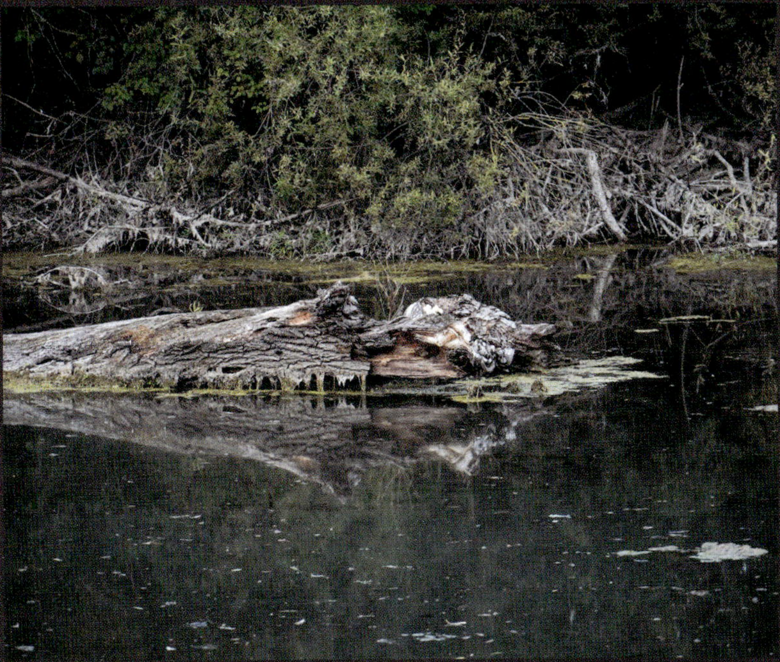

Meter später über den Deich führt. Haltet euch rechts, quert die L 549, biegt an der zweiten Möglichkeit links ein und geht sofort wieder rechts, am Seehof vorbei. Nach 220 Metern folgt ihr der Linkskurve um den Hof und wandert 100 Meter weiter. Geht dann rechts an einem Dickicht entlang, das sich bald öffnet und euch verschluckt.

Ihr kämpft euch durch Gestrüpp und klettert über umgestürzte Stämme. Ein zugewucherter Zaun hinter hohen Birken führt euch an einem dunklen See entlang. Dann trägt euch ein Weg wie eine Brücke zwischen dem Seeufer und einem kleinen Weiher weiter. Geisterhafte graue Äste ragen aus dem trüben Wasser, vertrocknete Algen hängen wie die verrottende Kleidung von Wasserleichen daran herab.

Bald hängen Äste und schiefe Stämme tief über euren Köpfen und sperren das Licht der un-

Aus dem Schatten einer riesigen Linde blickt Jesus von dem dunklen Kreuz mit der todbringenden Inschrift traurig auf euch hinab.

tergehenden Sonne aus. Geht gebückt weiter, um das Gehölz über eine Wiese zu verlassen und folgt dem Asphaltweg nach links. An der Kreuzung weist euch eine Kastanie Richtung Leimersheim und ihr biegt nach 450 Metern rechts in die Friedhofstraße.

Betretet den Friedhof still und ehrfürchtig durch das Haupttor. An Gräbern vorbei führt ein gepflasterter Weg auf die Kapelle zu. Bald erkennt ihr im Zwielicht zwei große Steinkreuze, die im Nordosten und Nordwesten je knapp 40 Meter hinter der Kapelle aufragen. Das linke ist das SCHMUGGLERKREUZ. Aus dem Schatten einer riesigen Linde blickt Jesus von dem dunklen Kreuz mit der todbringenden Inschrift traurig auf euch hinab. Maria ringt die Hände. Fledermäuse umschwirren euch in der Dämmerung.

Verlasst den Friedhof durch das Haupttor, geht geradeaus auf den Erlenbachweg und quert den schwarzen Bach auf einer Brücke. Nach 220 Metern passiert ihr die KIRCHE ST. GERTRUDIS. Auf dem Kirchplatz wehen Flaggen an einem Schiffsmast, als wollten sie den getöteten Schmugglern die letzte Ehre erweisen. Folgt der Unteren Hauptstraße zur Hausnummer 12.

Das gedrungene Fachwerkgebäude liegt eingekesselt zwischen Häusern. Die blinden Fenster sind verhängt, ein schmaler Gang führt zu einer dunklen Holztür, die sich unter das Walmdach duckt. Es ist das WACHTHAUS, in dem sich um 1800 das Gefängnis befand. Hier waren die fünf Verdächtigen gefangen, bis auch ihre Komplizen gefasst wurden. Von hier führte man sie in ihr Verhängnis.

Ihr folgt von hier der Unteren Hauptstraße, biegt in den Brühlweg und quert bald links auf einer alten Brücke den Bach. Efeu umrankt die flechtenverkrusteten Geländer. Äste treiben trübsinnig im Wasser und stauen Algen auf. Hinter der Brücke führt die St. Gertrudis-Straße nach rechts zurück zum Startpunkt am Fischmal.

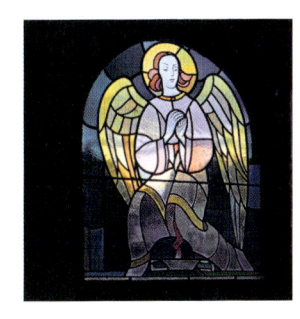

TIPP
Zwischen Juli und dem Erntedankfest bietet der Seehof eine Schnitzeljagd durch ein Maislabyrinth. Bei Vollmond kann man es als Nachtlabyrinth durchstreifen.

ZUM WEITERLESEN

Carl, Victor. Pfälzer Sagen, 3. Aufl. Landau 1986.

Franck, Henri. Pfälzische Sagen, 4. Aufl. Speyer 2004.

Hebel, Friedrich Wilhelm. Pfälzische Sagen, Kaiserslautern 1958.

Magin, Ulrich. Sagen & Legenden aus der Pfalz, 4. Aufl. Daun 2020.

Weinmann, Fred. Kultmale der Pfalz, Speyer 1975.

BILDNACHWEIS

Mit 100 Farbfotos von Florian und Marleen van de Camp, sowie einem Foto von Adobe Stock / Dirk (S. 89)
Mit 20 Karten von © GeoMap T&M Touristik und Medien GmbH, 70794 Filderstadt
Kartenbearbeitung: KOSMOS Kartografie Stuttgart
© Karte vordere Innenklappe: KOSMOS Kartografie, Stuttgart

IMPRESSUM

Umschlaggestaltung von Sandra Gramisci, Studio Gramisci
unter Verwendung von vier Farbfotos von Florian und Marleen van de Camp.
Das Titelbild zeigt den Adlerbogen.
Mit 101 Farbfotos.

Der Verlag hat sich um die Beachtung der gesetzlichen Vorschriften bezüglich Copyright bemüht. Wer darüber hinaus noch annimmt, Ansprüche geltend zu machen, wird gebeten, sich an den Verlag zu wenden.

Bibliografische Information der Deutschen Nationalbibliothek.
Die Deutsche Nationalbibliothek verzeichnet diese Publikation in der Deutschen Nationalbibliografie; detaillierte bibliografische Daten sind im Internet über http://dnb.dnb.de abrufbar.

Unser gesamtes Programm finden Sie unter belser.de.

Gedruckt auf chlorfrei gebleichtem Papier

© 2023 by Chr. Belser Gesellschaft für Verlagsgeschäfte GmbH & Co. KG, Pfizerstraße 5-7, 70184 Stuttgart

Alle Rechte vorbehalten

ISBN 978-3-98905-018-1
Redaktion: Lea Both
Korrektorat: Ulla Gerber
Gestaltungskonzept: Studio Gramisci, München
Satz: Sensit Communication GmbH, München
Produktion: Tatyana Momot
Reproduktionen: Heartwork Media, Frank Kreyssig, Germering
Druck und Bindung: LONGO AG
Printed in Italy / Imprimé en Italie

Düstere **Sagen** und **verlassene** Orte

Düstere Tannen, die sich bedrohlich im Wind wiegen, verwitterte Schlösser oder unheilvolle Schluchten – Marleen van de Camp verrät die 20 schaurig-schönsten Wanderrouten und Ausflugsziele im Schwarzwald. Mit zahlreichen Tipps für spannende Wanderausflüge, wahren Geschichten und düsteren Sagen – Gänsehautgarantie inklusive!

18,-€, 140 Seiten
ISBN 978-3-98905-019-8